全椒古代典籍叢書

楊于庭集 2

（明）楊于庭 撰

政協全椒縣委員會 編
國家圖書館出版社

第二册目録

（明）楊于庭 撰

楊道行集三十三卷（卷五至九）

明萬曆二十三年（1595）季東魯、湯沐刻本

初道行集卷之五

目録

五言古詩

定山　柬樊使君

自昔　九哀詩九首

春晴　春日懷故人

咏懷四首　古意

樊使君生日贈二首

故山　懷皖城吳幼鍾葉治卿

旱甚集選句柬樊使君

述史　久陰煩悶偶爾見月

悼賢主事嚴　偶述

滁陽道中俛仰今古述志六百五十字

将謁尚書褚公道中自述

偶書四首

盱眙道中偶成

為和州郭使君壽其父母使君時以三年最

錫封

郭使君招讌城東樓

寄孚如四首　　宣城梅禹金

野焼謡

楊道行集卷之五

全椒楊于庭著

五言古詩

擬古四首

團團天上月逾望還復虧與君非一身安得無乖離
乖離妾不恨但恨繁華時盛年不自結色衰空爾為
妾有大秦珠是君手自貽君有錦香囊是妾手中縫
囊今仍在否手澤君應知珠在妾懷袖三年常相隨
君心如覆水妾意如連枝棄捐為誰嘆悲哉團扇姬

二

嶧陽何陰陰下有桐樹林不知何年種傲此霜雪深
我願斷此桐被為七絃琴一彈來凰操再彈獨鶴吟
秋風洒然至為我清塵心子期骨已朽惜哉無知音
古調多不愛泣下還沾襟

三

種菊東籬下嚴霜彫我姿鷦鷯亦何來噭噭秋風時
佳人渺何許歲晏誰與期白日欲西匿浮雲還間之
豈無好鳥鳴良辰傷別離自非王子喬鬒髮能不緇

丨忠不相見何用長相思

四

昔有龍陽君容華若桃李龐曼事君王日晏同卧起

君恩有時歇美人滋益多既得後魚羡前魚將柰何

天風念君寒日暖念君饑寄語後來人努力扶侍時

朝為並蒂花暮作斷根草榮枯應自知沉憂使人老

咏史二首

李廣竟不侯數奇人共知惜哉漢飛將狹衷良足嗤

方其失意時夜行灞陵路醉尉翻見呵焉識將軍故

一朝再領郡死灰還復然殺尉以泄忿功名徒迍邅
所以古達人曠然一榮辱役夫夢為君乘除理亦足
一貴復一賤勢極應必反惜哉李將軍君何見之晚

二

桓桓趙營平老大尚矍鑠奉詔征先零兵事難遥度
比馳至金城圖上平羌畧肯請屯河湟廷議相錯愕
璽書數詰問何時能破羌將軍不為動披瀝陳未央
方其倔強時數數十八九功成衆帖然麟閣名不朽
漢宣自神武為馭真英雄任人遂勿疑千載欽高風

感述四首

李斯起徒步客游入咸陽開口取卿相畫策擒六王

銷兵鑄金人發卒營阿房斥地及河南匈奴走且殭

詩書燼為灰法令如沸湯古法黜不用郡縣諸侯殭

秦德既無前佐命誰與方功成身不退盛滿翻自殃

朱轂會赤族黃犬徒嘆傷智能并六合身死一小璫

何如解印綬種瓜青門傍邵平亦何人千載名猶芳

二

沛公一亭長將將真英雄丞相薦亡命築壇拜元戎

陳平踈逖人萬金恣不問左右或譏平至尊轉親近
雍齒最有郤剖符先數公千戶尉子弟四人無寸功
度與霄漢寬明與日月並煌煌漢家業千古誰與競
宋祖惜使相高量固云卑屯膏復吝賞重瞳空爾為
俯仰興亡間永為末世規

三

亭亭山上松搖搖遭秋飈以彼千尺高不如藏蓬蒿
許由豈盜冠衆口空嘷嘷達人邈四海芥蔕非英豪
譽者雖自譽視之若鴻毛毀者雖自毀不足翳纖毫

四

卞氏抱璧泣楚王翻見眞不辭刖足苦泣此希世珎及其剖得王連城耀千春秦王設九賓四座皆逡巡遇合自有時白頭尚如新韞櫝豈不貴何必悲沉淪葵猶衛其足惜哉殘爾身

渡江

誰從天地初劃出一匹練氣吞吳楚波濤吼鬼神見瞋帆揺鴻濛曉嶼帶葱蒨吾將尋眞源峨峨隔春甸

用韋蘇州全椒山中道士韻贈吳山人湘

悠然見南山睠此山下客煙蘿牽荷衣清風響泉石
有時忽長嘯山開白雲夕童子出門去堦頭破苔跡

寄東泉石先生家居二首

青青水中蘋盈盈山下芝秋陰摧其華采者擲不理
陽照回春姿清芬自沼沚上可奉宗廟下可羞君子
皇途會清郁周道去荊杞請公謝貢公彈冠以為始

二

男兒志四海氣與霄漢薄群公況推轂公胡守蔡霍
寓縣亦戎敵匡扶世安託項關於越卒驕如花門掠

徒見要金鷄中丞揞然諾又聞薊州戍羈縻等胡貉
臨淮自觀望列校寖不恪感此發中熱對酒不能嚼
明公大阿鍔出匣會錯愕無令漢將勳獨勒麒麟閣

時越有兵變又薊門有煩言

夜發二首

山行夜不歌三更吐山月渫雲傍馬啼零露滴入骨
何當潑刺鳴溪頭一鷗沒

二

涼月隱深蘿寒雲上高樹遙遙透燈火人間舂杵處

促縮空山行嘯鴻自來去

高年會詩和李伯承

高年不易得後會安可知古人重讌樂非直流連為明公謝朱紱獨對東籬姿開筵召耆老歲晚聊燕私上坐既黃耇其餘亦龐眉或乘犢車至或曳鳩杖隨相揖為扶侍歷階左逶迤頹然就賓主不復煩奇儀老翁會手顫呼兒持其飴健者尚大嚼一一勝觴巵三行起相壽但願百歲期自少同里閈垂老難別離兒孫各以大菑畬餘所資不悲牙齒衰難得全盛時

語竟各嘆息深杯安足辭酡顏映白髮悛悛忘所之
持以風末俗雅道良在茲

十八盤

入晉山萬重入秦道尤惡一夫信當關萬夫果前却
肩輿轉層巘阜蓋凌飛閣嵌空日月虔曠莽雲霧落
下恐厚地裂上恐高天薄憶昔混沌初曾煩五丁鑿
至今封疆吏盡守各巇崿人和塹乃固德薄力仍削
茲險倘可恃晉秦霸如昨

青龍渡

山行十八盤更傍青龍渡臨河仍祭告恐觸河伯怒篙師既理楫倏達延川路方言兩岍别作客無鄉故雲迷晉陽山霧失秦中樹星星百餘家云是沿河戍飽經兵歲後存者少完袴吾生幸紈素豈爲儒冠誤行役偶然至暢然付冥數

題椿景永懷卷

毋家世清芬五男更闘步神龍自汗血逐電誰能駐初精左氏傳更擅長楊賦萬夫爲辟易掉臂寧一顧縣官既續食上策南宮屢雄文何必多往往凌繁露

[illegible]一念河北選吏勤乳哺夫子試爲令潼干慰萊畬

來償次公入已報王喬仆傷哉兩麒麟泣血風前墓

大兒苦拮据亢宗見玉樹小兒心孔開讀書擬達路

獨此風木恨耿耿向天顧余慙相宅人幸得託肺附

祿養不逮母終身有餘慕感此渭陽情長嘆東成句

贈李和元主事餉邊便道省覲二首

盍簪恨已晚忽忽去離別問子復何之秋轂已淒切

春云出餉邊手持使臣節　朝廷念介胄搞子歲不

絕徙宣國恩重務使萬夫悅白檀何迢迢峨嵋更巇

嵲我車既以脂我馬亦撤烈長揖從此去離愁難具
說贈子澤中蘭幽心倚深結

二

男兒重行邁意氣何昂藏況乃便省覲椿萱娛北堂
白髮捧金巵緋袍鳴珠璫長跽上萬壽諸孫羅成行
維時太夫人執手還徬徨無以老婦念努力事　君
王靡鹽殊未効三復皇華章

張家灣

驅車出鄰門理棹即前路相距亦咫尺舟楫紛鱗布

打鼓長年發鼓乃榜人顧賈客競錐刀朝簪亦馳騖
作倘日中市禍始儒冠誤安得三皇初陶陶若嬰孺
曰余苦糾纆行役無朝暮未迴九折馭漫保中流瓠
不辭風波惡所幸吾仍故風帆駛如箭逆浪行復駐
遲疾難預知感茲暢吾遇

花石船

櫂歌發中流龍船見亢斥或云貢龍衣或云採花石
其船皆黃旛動則十數隻來如飈風發帆檣盡辟易
海內近多故　至尊不安席鮭下蠲賑詔不減織造

額內官為督催此輩毒如蠆壽宮初興工花石相挽
籍陸輓水亦運前後更絡繹一絲萬家血一石萬夫
骼有司忽民嵒德意竟闕陽誰當一披瀝為訴溝中
瘠

晚雨

鴰鶩各云歇我行無停橈潗雲帶瞑色細雨隨迴飈
漁人既歸艤舟子時招要陰陰幕外岫泫泫帶間條
汨汨聽高溜津津知暮潮饑鴛宿深渚獨鶴鳴高嶠
篙滑力轉乏舟重程彌遙陰晴尚難料何事爭喧囂

早發雨甚

鱗鱗雲不開獵獵風仍颺舟人櫂歌發晨雨尤奔盪天地混不分泱漭彌一望轉覺氣象豁對此心神放蒿師蓑笠亂牽輓各殊狀迴灣棹梳過懸崖捫蘿傍荒荒樹隱見析析沙崩漲寛灘賈客艤小舫漁人唱吾生愧若萍風波任所向微官何足言並悟吾身妄

天津

宵行發楊村朝望天津[illegible]天吳靜不揚中流穩如劃舟人乞火至艤岸知門[illegible][illegible]雞無停啼重霧猶霏霏

空濛見日出氣射天地白雨餘遠岫靜四顧如列戟
齋心投行雲恬背送冥翮飽諳黃金交雅卜青山宅
鄭郎亦何人清風自今昔

望海

絺衣怯清晨旁午發延眺海潮夜來闊百里見奔峭
澌湃如轟雷激濺如飛嶠空青倒天光亘白浮日曜
雖嘗按圖經未盡所歷妙安得遂乘桴中流坐長嘯
胃與溟渤寬萬物含虛照此意任公知悠悠一竿釣

夜發東郡

簿牘煩填委期會紛鞅掌未稅朝發駕又戒宵征兩
忽忽欲鷄棲晨光已洪濤迴飈暫窮天此際愁獨往
飽諳有增嘆寵頻無伎倆滯雲寒不歸涼月為誰悅
梟翔交葭閭猱掛移枝上浮生慕若曹物役愧吾黨
淮南叢桂樹秋至勞夢想徙倚目庶覩恍惚心如賞
願為郗曼容反服尋歸鞅

惠州同知嚴君曉濱繪其大父方伯石麓尊甫

次峰并曉濱各為圖一卷索余詩

巨靈擘崑崙孤巖石簇簇蒸雲會為霖方岳盡膏沐

群山如兒孫仰止巖矗矗石巖

二

巳聽丈人峰復此峰鱗次茲峰亦如拭掩映前山翠
下窺溟渤寬流光亘天地次峰

三

北溟何空濛曉氣亘日白中有吞舟鯤早潮鬣如戟
為鵬不受弋恬嘗送冥翻曉溟

眺于秋岑孤雲澹然感而有賦

出門見秋山孤雲亦顒頷睠此為霖姿漠漠不濡地

出岫既無心歸洒澹然至一聚復一散大塊竟何意
余亦青雲人中道忽捐棄鑠金罪自知賜玦恩猶漬
平生丘壑願不謂一朝遂遥聞西山瀑令我喜不寐
尚及筋力健步屧歷空翠會心峰頭月娟娟[illegible]誰媚
青山亦吾道行止談何易讀易識損益向子有深思

田父招飲因贈之二首

昨日不稱意今日還尊罍隣翁勸我飲舉網携魚廻
呼僮膾爲羮一酌仍新醅雖無東籬菊懷抱亦已開
更話一年事勤動安在哉老農習田善語竟辭悲哀

秋成秫秔熟日夕牛羊来既完公家賦亦無私嫌猜
只此亦自勞莫教流光催月出遠峯静青天無塵埃
對子不能去一杯復一杯誓將去城市長嘯南山隈

二

有澗南山下秋来猶潺潺我莊二三里只在流水間
城市既以遠田父常往還問我来幾時犢車爭為攀
小釀幸纔熟對酌還閒閒傷此萬木秋蕭蕭難為顔
我心亦無着澹然如秋山酌子木瓢飲慰子毛髮斑
陶然醉歸去無事門常關

小園雜咏七首

余屛居久矣秋日對酒倣于陶令賦此

少小無宦情朝簪偶然及褫奪歸敝廬雅與初服習南山八九椽幽事動可杞戲魚行帶翻馴鶴松下立月出隨我前露華俯欲拾回思風波初如去維與縶秋禽暝投林飛螢撲簾入群動各有託人事何太急静琴時一張方書向来輯展帙落葉深散步苔印濕無營心自寬知足意亦戢長嘆勞勞人何為枯魚泣

二

常笑老年人多坐少行立何知四十齡此態亦已集
白日不再晨相煎何太急古人惜寸陰念之轉於邑
時艱吾不任深泉短綆汲揣分自合休纖趍豈曾習
盈盈澤中蘭清芬良可挹我有芰荷衣秋來時自葺
頗似大瘦生飯顆日戴笠

三

四十未聞道一官何足言及此謝軒冕聊復辭囂喧
我園四五畝榿落如荒村種萱秋已死種竹苦不繁
翛然十數竿亦足消鬱煩清晨披衣出徙倚還負暄

有時好鳥来林間對我噚為爾一命酒菜甲為盤飧
悠然見青山吾道亦已尊倘逐名山遊何必畢嫁婚
誓將從此隱莫向兒曹論

四

昔時有高人九十尚帶索一生竟枯槁身後空霍霍
所以陶徵君對菊時一酌豈其麴蘖愛而意在寥廓
紅顏半為翁流光胡太虐舜跖俱塵灰千載又焉託
黃花為我開秋月亦不惡科頭更箕踞興與高雲礴
請看北邙人何知麒麟閣

五

偶然花下坐有客叩我門呼僮問為誰野老携一罇
慇懃前致辭感子舊誼敦念子遭斥逐無乃猶煩寃
人生快心足豈必簪紱尊嵐濤淵無際田棹能幾存
有酒善不飲空負朝朝暾余亦不遠復深謝父老言
人生寄一世何異蝨處褌會須飲斗酒長醉卧竹根
眠月為誰好猶自横前村

六

古道久淪没羲皇安在哉彌縫有魯叟皇皇為誰来

何知詩與書一朝付秦灰大聖不自料況我猶駑駘
種豆南山下秋風忽來摧若待稱心日愁顏何時開
野蔬足小摘秫熟餘新醅道書一展讀坐久時登臺
灑然有餘況不知玉山頹寄言斧斤者吾甘為不材

七

憶昔榮華時鞅掌頻忘餐今為田舍翁蔬食心獨安
汲水或跣足抱甕時不冠豈不疲四肢而無異患干
出門見畦稻歲事殊可觀田父向我語且復憂秋乾
我田幸蚤熟倉庾聊自歡孤雲澹然來倚杖還一看

須臾有寒色我適衣裳單逡巡自歸去一酌天地寛
但願長如此貧賤何足嘆

悼亡三首

結髪事夫子恩愛良不訾與君敬如賓爲君案齊眉
不辭妾薄命白首常不離何期中道乖重泉與子辭
妾有嫁時衣留與所生兒妾有匳中鏡拂拭君莫悲
知君憂交處是妾魂來時魂來會有時同此渺難期
如彼雙栖禽落羽還參差如彼比目魚中流各所之
嬌兒解啼我摩汝知是誰寄語後來人努力養鰥匳

君心倘不改百歲長相思

二

秋風何蕭蕭吹我衾與席之子去何之重壤永扃隔
發篋檢故物一一是手澤霞帔不復御簪珥有餘跡
平生弄機絲遺挂尚在壁昔為女丈夫鹽米無不惜
今來委塵沙豐肌盡長擲昔事偕老人華茵獨專夕
今與魑魅隣荒郊為爾宅呼子子不醒瘞子子長畢
安得大還丹把子如宿昔鍾情自我輩莊缶寧忍擊
長嘆不成章日月胡太迫

三

髫齓字爲婚及笄遂結帨艱難十餘年紡絍無虛歲
雞鳴時勉旃君子愼所諧貴既被翟褘儉亦謝甘毳
大布不曳地素鈿常在髻左右執戟人克家富心計
燠休亦自寬親戚及枝蔕小星雖不蕃內助良不細
一朝別我去能禁安仁涕百年已强半壺政誰與婉
天末孤鴻啼雲際獨鶴唳明月爲誰來恍如把子袂
人生會如寄子無恨長逝生雖不同衾死當共納竁

五君詩有序

徃乎如在告懋權贈之詩云閒居懷舊侶為賦五君詩亡何孚如詩成而余以四方游未之報也十餘年來而懋權國徵卒孚如幼鍾各病免余及叔時前後得譴去甲午秋偶檢舊篋傷離悵亡聊賦五章詒之同好云爾

魏懋權允中

魏生有古風標高鑒亦洞擽音畢盆缶憂國及榱棟婉孌惡彌工骫髀辭託諷斯人已論定聽笛能無慟

顧叔時憲成

顧君運斤人意匠謝輪斵舌鋒初發劒沉光每藏璞
藻鏡及群派抗章矯以踔填海苦不就爲漁意仍邈

劉國徵庭蘭

國徵起清灌廣獵文章苑巴人豈足陳古調詎云晚
藻與華星偕意與商彝遠惜哉秋風萎種蘭空九畹

吴幼鍾嶽秀

給諫如玉姿采采群芳漱摛詞何必多鏗然有金奏
憂時識既殊結友誼亦厚翩翩慕鴻冥一蹤遷拂袖

鄒孚如觀光

郯生洵楚材矯矯世無匹構思及溟涬姱節冐群嫉
敘事名猶傳拂衣計未失所期在千秋函此五色筆

懷郯孚如顧叔時葉治卿盖叔龍四吏部

蘭生九畹間其葉何離離愛此王者香異彼蕭艾姿
惜哉飈風至將隨秋草萎郯子千里足羊腸當告誰
顧生萬夫特批鱗還自悲皖城荆門銐夷門嶧陽枝
鑠金豈不畏移山豈不愚我欲勿相思無那寃夢時
我欲長相思路遠莫致之念君過于渴思君劇于饑
何當為浮雲隨風東西馳

過彭城弔項羽

嬴季駿鹿走楚人競龍戰彭城執牛耳強覇割寓縣
戲下奮虓怒鴻門豈驩讌赤帝黜巴蜀共主殞江甸
叱咤轟如雷重瞳攝如電東殲及鷄犬西龕無組練
睢水為不流侯王盡北面太公伏高葅劉氏纔若綫
蠆毒小可忽虎視人命賤長圍一夜合坐聽楚歌變
刎頭付他人愛姬血交濺駿騎嘶故騅歌梁想遺囀
捐脣泣亞父掩面羞相見伯圖既灰燼炎業亦改盻
荒池蔓秋草故屋巢春燕興亡不可問黃河為悲咽

愁霖

種菊我籬東菊生何離離以彼歲寒標遭此秋颸吹一雨初如膏再雨漸離披淫霖動浹旬芳甤無復姿汩汩聽夜溜泫泫霏晝絲輪蹄濘道周桂玉號茅茨頻憶康樂唱昏墊黃門詩迂哉廣川子閉陰良足嗤

獨坐讀陶詩

結廬城市間而得無丘壑空庭闃無人山光對漠漠窗畔羅絲蛛堦前剝啄雀把帙讀數過細心古人作坐久呼南隣過我時一謔既諧麋鹿群何知麒麟閣

宦游亦以疲習靜聊自樂群動各有依吾生豈無託

六子詩

六子者皆天下知名士也余以不穎得辱深交濶焉一方矧為異物感愴存殁爰賦是詩

周尚寶弘禴

削籍差穩眠一官尚奔竄十年三罪謫于世亦太玩別離又二年鬒髮能不換夫子信楚材早生在排難語及君臣際忠憤為扼腕落筆如涌泉群書盡淹貫譚兵及陰符大叫輒推案雖為永王客不與祿山亂

夜郎為誰流凝碧腸自斷海濱折腰吏空戀錦繡段魑魅喜窺人起居慎昏旦時賊亙尚寶以前行邊舊時坐貶

朱光祿維京

光祿公卿子少年自骯髒結交知名士盡是太父行談詩及諸體睥睨無哲匠興豪或袒跣使酒氣孤颺巳忤江陵公一蹠轉清況須陪雖鵷著白雪蘭亭唱感時數慟哭封事叩閽上苦為前星諍幸得金鷄放千秋亦自寬吾道猶未喪酒肆何處眠百錢時挂杖何當五湖遊共爾着白舫光祿以請冊立謫戍幸得釋

魏吏部允中

魏子河朔彥兄弟相師友何物大伾山連枝並瓊玖諸生蚤知名文章蒲人口鸑鷟不受羈麒麟落天走蘭臺既挺然銓部誰與儷藻思會雲流珊瑚不離手肯使千秋業逡巡別人後此意竟泯泯伊人骨已朽檢故見贈詩遺芷尚星斗惆悵山陽笛寸腸復何有

鄒文選觀光

鄒生起雲夢高視九州衷古人不可見非君誰識此末世操大音纖文陋雕綺默坐悟空觀冥心諳玄理

白雪難爲和直絃亦自失三銓道乃見百折心如砥
多材無一憐懷璧飜叢毀大咲出都門拂衣詎能止
翟公既罷官賓客知餘幾唯有故人心可以照秋水

趙考功南星

考功余所昧神交亦已久每從雲夢遊談子不離口
作文窺先秦識字泝蝌蚪高調操孤桐平生一匕首
頃領考功役幽汰十八九濯雪及區區棄官如敝帚
鮑叔知管仲羊舌值祁叟此意已千秋今人可得有
誓將與夫子千月中山酒莫問玄都桃但栽先生柳

五湖一杯寬扁舟落吾手考功以力救不佞輩黜爲民

劉進士庭蘭

進士吾益友長寐何時旦拭淚讀遺文長空鴈行斷
斯人可重得捉筆緒先亂憶昔待詔初與子弄柔翰
青天落毫端白雪上几案朱絃有餘音清廟徒三嘆
自徃蘇門嘯空悲廣陵散撫孤至今負交誼白石爛
何以慰若人有子蠱能幹長吉不復年終童只弱冠
從古有遺情非君獨悽惋

寫懷

丘壑饒幽姿茅齋坐來獨白雲何依依就我簷際宿
會心豈在多脩然幾竿竹看山嵐薾衣盥水月在掬
廿年苦沉迷一夕不遠復日月拚如流世情任傾覆
已從嚴瀨釣耻向成都卜阮生非達人何事窮途哭

雨晴松下哦詩率爾成句

冬暝雨來佳既雨晴亦愛徙倚曝初旭而無人事礙
須臾好鳥來間關何多態此物雖油然煩聒亦爾輩
兩松如人長歲餘自滉瀁把酒哦其間客至不曾縻
余方有公事謂客子姑遂此意人若知亦應覺形穢

癸巳除夕二首

于世度無用守此衡門居歲華不我與爲樂當何如平生好老子恥讀陰符書盛年豈足惜大夢同蘧蘧如彼無心雲宛宛還自舒屠蘇一杯酒氣味殊不踈無愁白髮劇但畏清尊虛往歲業已盡來歲猶有餘豁然悟大化勿復悲乘除

二

一年只一日一日纔須臾一日復一年一年流水徂哂彼賢愚人紛紛各所圖及其一夕盡孔跖知有無

一官豈待免晨者何其愚貂裘未全敝美酒猶足沽
君休問明日但問黄公壚

登金山絶頂

朝過瓜州城倏達金山寺誰從元氣初擁出鰲背顛
又誰倩五丁巨石擘空翠東去鞭羲和浮来日如燧
西顧峨山高奔濤太派澌實刹見栴檀世尊亦鱗次
淨理了可悟證入第一義曰余苦迷津陟兹正澗視
回思艱危時痛定還下淚斥鷃自有分決飛搶至地
羣飲江河間量亦隨所至豁然曠士懷身世復何覬

夏日暮偕魯二金七游南山四首

南山遅群游西日展紆步湛湛畦間苗阡阡雲外樹夕嵐迥易陰野溪澗難渡藉草坐至昏半規月初露

二

月出露半規游人尚攀陟明霞延夕光長薄帶瞑色鈎衣石層稜捫蘿路轉叉三復南榮戒擾擾亦何極

三

擾擾屏俗營恣游愜心賞尋谿萬樹外捫崖千仞上亂畦歸饟筐澄潭散漁網尚郵欣自多悔昔沾塵鞅

四

塵鞅稅已久歸屐詎云僂陟茲巘邑高萬家俯如棧
夕炊市烟昏晚晴遠山見美人天一方脉脉淚如霰

納凉二首

徙倚長松間冷冷愜心賞逗風響千章蔽日陰百丈
岸幘鳥啄木埽逕蛛抽網何必柴桑人獨游羲皇上

二

長夏日無營胡床蹲松下風濤爲誰来一席陰堪借
世情如落英清境猶咲蔗客来不出迎頗遭里井罵

飲王園贈欽之二首

平生寡所營弄此絃上奏知音復何人與子中邂逅

一彈三太息再彈淚沾袖會心何必多脉脉慰良覯

二

曩昔欽伊人名園喜停蓋情真百杯寬意愜千秋會

林中出遠岫庭際聽陰籟自非子桑戶孰爲遊方外

述歸

我明十一帝金甌無缺崇極圯閏然地大會牙肇

皇帝二十載四方亟杌隉臣時典樞竞陳力謝前哲

誰寢淮南謀彈壓違既勞誰策畢开亂薅治計仍拙
徼揄初發難朔方日流血承平不知兵拒守無寸鐵
栢栢蕭將軍孤城獨抗節其餘盡陰附十堡九賊穴
格鬬壯士耗轉餉物力竭攻圍迄三時軍中食麵屑
守臣任逭醢王子被縲絏九塞爲震驚群胡轉勾結
胡来風雨駛胡去草木鬱賀蘭駐旃帳鐵騎益撽烈
敗書繼踵至　至尊憐不悅大官膳減半內殿樂亦
輟臨軒召二相　御札丁寧說　主辱臣合死悶憤
煎內熱雖無千里足跋竄自瞰躋尚書促膝議日夜

腸縷切語及君臣際相對各嗚咽一夕十餘跡起草
只一瞀有身且不顧對食不能啜歸家犬迎吠撓席
亦忘設亡妻殯在寢怨慟割長別嬌女纔五歲骨肉
早單孑呼爺背面啼一飯三四噎小姬年十五膚理
白勝雪巾櫛久不御念我心惙惙汝曹雖眷屬前緣
偶提挈奉職累亡狀自分甘膾截寄聲勿相念長當
從此訣徵發集驍騎更置得雋傑敗帥頭藁竿三軍
使馳闒灌城決河水列柵防衝軼重購賊擕二疾攻
卒更迭便宜數督戰鷹攫不得摯旄頭一夜落安史

條就滅天下賜大酺庶案欣在列禍緣大吏逮禍始
小臣舌三人市成虎亡鈇意隣竊一跡乞骸骨衆吻
竟汚蟻羣其堅不磨豈其白不涅憶昨讀詔書 聖
主一見決 君恩自隆厚非臣獨賜玦啣土海可填
精衛骨亦折平生獨徃願衡衡不知跌榮華倘來物
達觀亦已蔑吾道未墜地箏辭在涸轍哲將卧烟霞
永與世情絕

數詩

一室只環堵左右陳圖書二仲時過從我友良不疎

三逕日以荒不樂當何如四座盡真賭清風吹襟裾
五禽懶不戲興至聊復舒六籍澹心性豁然游古初
七日豹隱霧愧我猶塊居八斗謝無才混跡樵與漁
九垓不廷慕大夢終蘧蘧十年悔奔走長此畦間鋤

五平五仄體二首

秋蟬無停皷白露忽已滴枯荷粘池塘敗蔓挂屋壁
流光誰揮戈暇日但運甓盈盈思伊人泣下夜半笛

二

秋來無佳吟兀坐氣亦奕村村鬧蛩鳴夜夜促婦紡

場禾肥鷄豚野旭曬罟網何如風濤人一葦駭五兩

初秋遊小園得袷字

澹然無一營凉至便衣袷抱甕澆藥苗攜筐摘菜甲漸與官長疎轉于漁樵狎向來差強飯不用餐玉法

園居雜詩五首

廿年逐塵鞅倦游歸敝廬素心既云諧樂此衡門居蒔竹近成林鑿池復種魚草堂八九間面山俯清渠雖無平泉勝懷抱亦已舒昔時侯王宅今為牛羊墟世事豈足料糊口寧願餘回也在陋巷賢哉長晏如

二

少小四方游不知路嶮巇今來習事多轉悔馳驅時二毛已星星不樂當何須好鳥鳴我園榆柳蔭高枝課僮種畦韭經旬含露滋隣家餽生鱗喚婦鮮自炊弱女嬉我前亦足媚盤巵但飲勿復道倘來非所知

三

處世忌太白至人只自放如何嗷嗷子甲乙無一當三王弄干戈二帝但揖讓古來大聖人是非竟誰仗阮公一百錢得酒便酣暢何必北窓卧自是羲皇上

豁然見天真始覺勞勞妄達哉楊王孫千載只臝葬

四

勳華但恭己無爲化自成秦法如牛毛最下與之爭
許由洗其耳黃屋澹無情而世競錐刀破甑猶失轂
古今不相及何啻莛與楹魯國有孔叟麑裘毀其名
孟軻遇臧倉吾道尼不行譬之江與河一勺寧重輕
鳳食玉山禾詎爲腐鼠驚

五

彭澤羞折腰歸來一何早平生嗜醇酎家貧跡如掃

晚得王江州白衣候之道須臾籃輿来對酒便傾倒
時時分俸錢但付酒家淥脱足貴人前頹然見懷抱
伊人不可作高誼薄穹昊祇今厚禄人誰為念枯槁

出郭

秋巖萬壑滿秋色重巒接稻晚猶青苞楓晴欲紅葉
草際田父鋤溪邊行人涉一壺聊自攜看山步芳磔

抵龍會庄宿

籃輿朝出門暮就山庄宿秋雲涽孤峯落日團平陸
西成問田丁觀穫從僮僕促織鳴壁間苦辰蔓茅屋

漁父磯頭歸村兒牛背牧秋乾歲不登寡婦但巷哭

望龍會山絕頂以風甚不得登悵然而返

曩陟龍會巔平生壯觀最茲來舊重游惜與飄風會
先登捫蘿避半空帝赤霧人行游雲間鳥度白日外
嶔巇不容憩嘅然此停旆不信行路難歎此初心錢
兀然賦新詩秋聲自天籟

丘壑

世既斥不用軒然身亦輕及茲丘壑間襟裾有餘清
青山擁我前萬籟笙竽聲掀髯岍其冠田父杯共傾

問我何處歸何為自課耕深感父老言區區量已盈
所幸文網寬得為聖人氓一杯差強意懸懸此懸懸情
大斗白日去海月呼旋生無令稱達者千載只步兵

宿龍會莊懷賈戶部曾聽客歲會于此

平生寡所諧一話交遂定相見復何時相思整已暝
遠寺閙昏鐘烟蕭蕭秋逕何當共蕭然松風佇清聽

觀朱村墈望獨山憩小莊別業

朝見獨山雲暮見獨山屋獨山團我前撐九礙平陸
秋乾灌溉急車水無停軸尋源臨深壩堤薄趣衆築

菸潤詎九里急流見洄洑草色蔓古溝嵐光上喬木
縱觀既以罷農事如存目歸從二三僮解帶自就宿
忘機到魚鳥問歲及樵牧山月解窺人泠然傍修竹

林卧

偶與林壑諧悠然卧田舍散髮時不冠道書閒一把
濯足石瀨邊披襟松風下詩就渾漫題杯乾聊復瀉
靄靄南山雲是余知心者

怨詩

絕塞泣琵琶深閨悲團扇自吟塘上行遂失長門寵

寵極偏色稀愛移始身賤靡蕪雖可採葑菲詎堪戀
水至妾不去當熊君所見妾貌心自知妾心貌豈變
不忍見蘼蕪猶巢舊時燕

病後對兩女

患氣纏我身呻吟疾其首所生兩嬌女念汝不離口
大女撫我床為我歔欷又汝甫八九歲得見于歸否
小女初解咲泣下摩以手幾年共嬉戲戀汝何不有
自喪結髮配今已五年後箕箒雖滿前兮觸殊不偶
膝下何必男慰我寡獨叟所嗟賦命阨弱質如蒲柳

常恐背汝去溝壑填枯朽藥物幸無恙骨肉欣相守
痛定轉流涕傷心對杯酒

詠史二首

韓信昔未遇釣魚淮水裏屈體惡少年壯心誰與理
感此一飯恩月肝餓欲死千項策不用埋没干将美
投漢幾當刑亡歸不為耻晚遇蕭酇侯一言薦天子
登壇猶辟譁對壘盡披靡佐漢為元勳絳灌寧得比

二

雖然功名忤亦足留青史草澤豈無人惜哉無知己

季布昔事項數窘龍顏人桀犬自吠堯何知天授真
楚騅既云亡漢法將及身不辭伏碪苦意亦有所珍
摧剛更為柔髡鉗寧足嗔君恩起亡命一諾名益振
死有輕鴻毛所期畫麒麟忍辱豈不貴照耀猶千春

毘陵道中言懷

石火無留焰道飈瞥然消獨有區區名壯夫患不劭
朱紱豈不榮千秋詎能要微躬等蟬翼蚤歲升清朝
緬此鄞上理悉彼桐鄉謠多艱濫竽樞震撼在一朝
一意急公家寧顧群情囂點缺積百釁為漁恩云饒

蕩漾山水間飛蓬隨風飄名山蠟謝屐五湖僱范橈一酌不願餘臨風還棄擲吳歈兩峙間亦足慰煩焦良友各一方析簡不可招相思在澤蘭相贈空山椒損益夙已悟寵辱心自超修名倘可立何必七葉貂

汎舟遊惠山

杪秋氣猶和啼鳥林未歇兩岍東孤舟解纜及明發菰蒲互因依嶒嶸更峍崒周覽意不倦況乃對清樾臨流既屢急登山亦凌突風靜波文平雲來遠岫沒漱泉別味甘捫石駭峌矶松觳聽風簧塔影標山月

野服有荷芰貴容無版謁忘機襟自寬濬慮物可忽
倘潛招隱蹤庶免直木伐

仝張從心遊陽山憇大石

幽尋有餘清玆遊及覩串樹色遠熹微山光近凌亂
活活谷中瀑津津畦間灌崛嶬溢先登芊眠供清玩
誰呼五丁擘歸歸白石斕斑瀫詎能驅焦煮力未辦
既小媧氏煉亦狹支機幻崚嶒恠羊化贔屭駭鰲斷
松鼠樹杪緣山猿澗頭喚平生嘗登覽從倚忘日晏
慕此青山廬迣彼白衣宦物情夙已諳前路誰得筭

斷金之交又要顏玉不再旦與君劇為懽無甬二毛嘆

哭門人張三極進士五首

我友婺林姿居然見國器為駒已汗血千里倏而至

衆中得彭宣涌泉有餘思大廷對萬言矻矻廊廟志

一命未及沾已矣平生事眷言懷若人痛迸懸河淚

二

懸河淚不收念此同心友音容無髣髴翰墨猶在手

悵恍如或存屬纊亦已久天地何不仁萬物為芻狗

平生惟斯人敏慧殊不偶薰膏惜龔生余亦重回首

三

回首重踟躕一別如顏光柰何戕予者客死天一方

白楊何蕭蕭秋風悲北邙昔為梁棟材今為丘隴藏

自頋非金石咄唶令心傷何必兒女仁斷絕我中腸

四

斷腸復何為感此雍門哀曦顏待来旦予去何時来

海底出明珠大國多良材本圖籍光華忽已埋蒿萊

賦詩欲言懷此懷鬱不關命也可柰何辟穀吾猶侯

五 進士撫丁

吾猜辟穀人忽忽即長夜傷心倚門淚依然白雲下
千秋奉蘋蘩闃寂逢蒿舍汝少不復年吾荷日摧謝
何人更問奇寂寞千里駕神奇化臭腐今古幾悲咤

越游雜詩七首

天行莫如龍駭此蟄蠖時地行莫如馬啑糜安可知
宿鳥畏彈射三匝無棲枝流言聖不免矧我顓蒙姿
逝水一何駛移山一何愚韓灰不復然翟門署亦悲
富貴他人合貧賤親戚離咄彼書空人泣下良可嗤

二

種蘭九畹間蘭生何蕤蕤其陽承旭照其陰含露滋
紉此大國香百卉難爲姿惜哉歲云暮倏見商飈吹
渫雲無液露凝霜有嚴威不如艾與蕭猗旎猶後衰
枝質豈卒變過時寧就萎芳馨亮不泯無庸歲寒悲

三

大火流西維寒飈翕平陸繁雲不成霖叢竹森如束
蜻蛚吟空壁蜘蛛網茅屋良人别三年賤妾守煢獨
琴瑟不復御音容猶在目但聞滿堂笑不聞向隅哭
紅顏有時衰芳蕤豈重馥感彼蟋蟀會沉憂亂心曲

四

步屧名山遊悠然有佳趣佳趣非一端愜彼賞心屢蓊葱雲外山芊眠渡頭樹竹徑既紆盤風帆亦參互逝波去不息遊子時相顧懸彼九折車空此五石瓠康樂屐巴穿張融舸猶住鴻鴈爾冥冥弋人何所慕

五

禹稷濟天下巢許山林棲于用各有當性中任天倪曰余兩無據困此觸藩羝既愧漆園吏亦慙萊子妻老躭丘壑間山靈更招携日歸芊規留蜂出重霞低

汩汩夕流急噭噭汀鴻啼稅駕從所欲終焉撥丹萸

六

爰居饗鐘鼓垂翅翻益悲沐猴周公衣毀裂固其宜
曰余夙徽纆躑躅心不夷及茲返初服爲愜丘壑期
此鄉非吾土信美隨所之峯色似太白湖光如溪陂
水可濯吾志山可擬吾基美爾吳市卒姓名無人知

七

漢濱有遊女灼灼春花姿佩此明月珠曳裾何陸離
交甫邂逅遭婉娩還見貽豈不貴所珎偕老以爲期

如何谷風咏對菲葉若遺相如向臨邛白頭愛已移

君無竟此曲此曲令心悲

富陽縣時鄉人[illegible]紹余

朝行富春山夕及富春縣[illegible]長江流樹靄萬霞薄

洄沿駭奔潮捫躋阻層[illegible]亮與靜者便為諧遠遊諾

主人篤枌榆賤子愛丘壑逢心既無營巖棲果終託

百里望嚴瀨千載有龍蠖江天共澄鮮吾意亦漠漠

登月輪山六和塔望淅江潮

東髮好奇遊及茲展延眺複嶺行逶迤洶潮若奔[illegible]

塔高天倒畫江遠日斜照歘反搖迅帆微茫點孫巒
波間鷗群翻林杪猿互嘯既來達人心因觀造物妙
銀山幻可駭淨土業自咲何當從任公冥冥一竿釣

定山

及晨遊定山定山㴂雲飛㴂雲有時歇遊子猶未歸
沿江驚逝濤越嶺迷歷扉天水共漾碧山木相因依
猶祿曩巳謬竊名今亦非五岳夙所諾廬敖忻不違
潛身在丘壑龍蠖或庶幾

柬樊使君

粒食逢休明衣冠會驩慶四十齡仍三眼見累朝盛
致身厠英賢引領瞻明聖雖乏經世畧區區抱忠敬
逐日力空疲塡河志未竟拾塵顔可誣盗冠許猶病
于道未爲乖與物無心競鴟夷亦何人前事後来鏡
一辭觧羈靮三緘避坑穽林深恬鳥心水濶悦魚性
高楡廼清陰遠壑匹練浄畦間覘泉脉雨後問農正
百帙時復抽孤觴聊自命山光藉草坐玉麈作談柄
靡靡春苗齊稍稍風竹勁何来濠梁招更和蘭亭詠
空洞無俗情洶沫有仁政捫躬慙揚觽得士辱宽令

留君玉山頹對君玉山映佗時如分攜無忘谷口鄭

自昔

自昔通金閨出入承明陛法從陪衣冠周衞森戟棨緋賜尚方羅綠泛大官醴叛夷逆顔行西顧　君王涕仔肩非異人休戚均一體紆籌寧嘔血荼苦甘如薺已訖爨㷉誅再覩周官禮投閒分固然把釣深淵底耻泣龍陽魚不索長安米差非沉湘平庶幾汎湖蠡橘枳剗淮分鸜鵒不踰濟曰余戇不移忿世顔如泚法令東濕薪刀筆深文詆所惡生疵痏所好如兄

觕跡異然明言名豈山公啟以茲蓋俗氛古道猶根柢梅福薄為尉季布空留邸無言嵇生狂頭面積不洗

九哀詩

九人者余並有國士之感故哀之焉

南京户部侍郎皖城盛公

伊人有古貌矯矯思澄清絣彈峻風猷飈歷蜚鴻聲童子器王粲一言知然明挂劍定何處心許空平生公識余于童子時

南京太常寺卿麻城周公

太常楩楠材用世羞擁腫掄文水鑑照行部山岳聳

三禮竟沉冥墓木忽以拱負土慙侯芭洒泣楊雄冢

公以服闋謁陵所為氏旋卒

督學御史蘄水李公

蘄水世稱雋本自荊州鏐割勢動迎刃觸物原虛舟

命途竟未達鑒精群無留何期凌霜幹隕落同蒿丘

周李俱以督學識余

禮部尚書會稽羅公

宗伯天下士德貌温如玉廷對揭先登詞林厭駁騮
回天力空諍貝錦歩亦蹈歸舟遄道艷悠悠一何酷

公余座師以不合乞身去道卒

刑部主事餘干舒公

比部綽清標衆中見玉樹讞獄寧舉友守官託寒素
推彼百尺條傷此莛上露平生撫孤恨猶懸脫驂賻

公分校得余卒時予纔二歲

宮詹贈尚書謚文恪錫山周公

宮詹人倫秀惕惕名與檢埋照有獨鏡諧世無畢貶

龍性何能馴蜿矢豈邊點大拜鬱時望千秋想琬琰

公余會試座師

晉撫山東都御史雲間陸公

陸氏蒙雲間公更球琳質脩詞葩春華履介彝秋實觀風岱嶽動休沐吳淞逸懸勤進賢意不啻加諸膝

大理寺右寺丞新安黃公

寺丞脩然姿本自餐霞侶揮霍會雲飈端勁重鼎呂持斧既鶚擊列棘亦鴻舉若人緇衣意寥寥向誰語

陸黃二公俱爲余

太子少保兵部尚書曲周王公

少保不可作邊人日鼙鼓從容調材官談笑麾赤羽籌邊軀可捐接士哺寧吐不經天步艱何知良工苦余以屬吏公知余

春晴

春晴日遲遲柔葉風習習睠茲芳洲杜緩步行復立地幽花落深日夕鳥飛急高臺望已騁庭草香可襲閒居無一營吟帙時復輯鶯聲杖藜過山光捲簾入出岫雲欲窮歸舟槳相及言課東作人于彼原與隰

篝燈聽夜紡灌園役朝汲門無車馬喧遲有求羊集
皎皎空谷駒焉能就維縶

春日懷故人

春色不可極春心澹容與啼鳥呼其朋余亦慕儔侶
咫尺春光間佳人渺何許窻際浮白雲為君一延佇
落羽各江湖悲歌更激楚種蘭惜當門當門非種所

咏懷四首

錦美不可袷綢美不可齏以茲能不能一一呈天倪
余本木強人于世羞突梯強顏學繞指九折終顛擠

鍾鼓龢樂鶢車馬能載飈自歸南山南春風時杖藜
逃名更逃禪皈依證菩提豁然見心性意將忘筌蹄
貪夫與烈士紛鬪季郈鷄

二

太虚本一氣吹萬何不同君子為猿鶴小人為沙蟲
其大力撼山其細猶鴻濛得時盡賢豪失意皆愚蒙
譬之三春英風飄隨西東蘇秦一何卑掉舌六國雄
孟軻何堂堂臧倉尚不容飛將竟不侯人奴為三公
天運既如此勿復悲途窮

其三

燭龍從東来倏就扶桑浴六合夜不照陰山鬼躑躅
安得鞭羲和揚光以常燭来消陰沴氣一快川原矚
鄧林亦何人夸父競疾足力誠有不及區區意亦篤
從来女媧石不救共工觸但願天無缺補天非所欲

四

人生願為材犧尊木之災木災尚猶可斧斤牛羊来
南方有文鳥其羽為禍胎寧為曳尾龜文犧安在哉
二桃殺三士千古有餘哀巍巍望南山陰陰雲不開

翩翩雲中翼忽忽多摧頹我願從之游路遠重徘徊
徘徊輒中熱并此不然灰

古意

行行陌上塵悠悠思遠人遠人不可見緘書託鴻鴈
鴻鴈寒不飛思君空擣衣擣衣日已晚為君加餐飯

樊使君生日贈二首

鳳凰何翩翩栖此枳棘樹翹翹豫章材而無班倕顧
夫子洵歷塊鹽車蹋驥步三年淹牛刀豈為時名誤
曰余疵痏人于世冐嫉悪感君國士知悲君来何暮

来暮不足悲國士亦不數君雖六月息會有風雲具
今辰更何辰歲月忽以度相勸各強飯相期在末路
末路彌歲寒寧改平生素引領前致辭唯以哲人故

二

白日一何駛紅顔今亦非感君懸弧辰壯心益飜飛
昔陪承明廬簪筆多光輝飄風逐萍轉時哉使我違
所幸天一方同聲相依依蛩蛩與周周亦足療渴饑
飲子一尊酒為子操金徽金徽不可竟一曲沾人衣
我[illegible]印願君抱投沙悲自古有乖忤無恨知[illegible]

故山

余昔玷朝簪朝簪自踧踖兹歸卧故山故山空四壁

戢此蓬蒿翼愧彼羊角翮既乏崇臺幹亦匪珍裘腋

時來偶際會材蹟非艱厄瞿公見貴賤向子悟損益

年往使我嘆痛定轉情惕故吾幸仍完鷄肋何足惜

為園闢三徑苔深少人跡魚鳥馴相得求羊懽莫逆

角折林宗巾齒去靈運屐風流不足慕登覽有所適

名理便了悟一膜非所隔富貴而驕人鄙哉顧劉廙

懷皖城吳幼鍾葉治卿

少年游京師京師晝時髦握手銅龍門贈我金錯刀
文采春葩敷交誼秋雲高離别在須臾逝水何滔滔
親知半為鬼而已鮮天殁自餘同胞入落落如鴻毛
驚濤失萍梗垂老無綈袍啟事吏部儁搦管黄門豪
宦拙道乃直志賷時不遭惜哉兩干將空此鸊鵜膏
神龍在泥淖威鳳栖蓬蒿迢迢長風沙雖廣不容舠
相思不相見為汝還悲咷世既忌獨醒胡不餔其糟
所願各黄髮無為常牢騷

旱甚集選句柬樊使君

國還故里壁立何寥廓寢瘵謝人徒憂在填溝壑
夫子茂遠猷鎮俗在簡約武城播絃歌季布重然諾
雖好相如達又哂子雲閣高閣常晝掩徙倚拾蕙若
贈詩見存慰若蒙西山藥物情棄疵賤論躓困微弱
非君美無度為恩誰能慱飛蓋相追隨合坐同所樂
見眷良不翅谷風誚輕薄已觀朱明移還望青山郭
炎天方埃鬱農夫安所獲欲因雲雨會女蘿亦有託

述史

孔明渡瀘水克國屯湟中山苞翁晝守川流奔疾攻

戰守有長筭羈靮寧虞戎從来畫麟閣不數婁敬功

腥風海氛白陰雨鬼火紅不開貢楛矢猶復錫彤弓

誰踵白登秘自鑿愽望空戈矛耻無衣杼柚悲大東

長蛇食已荐鼯鼠技亦窮辛有嘆伊川師曠歌南風

辛爾暫不競忘余安所終犒秦豈弦高藩魏非段公

詎云百六厄無乃㮲崩凶蹈海此耿耿憂天彌忡忡

久陰煩懵偶爾見月

陰雲翳經旬局促神不奕誰将摩尼珠劃出青天上

一膜刮金篦光明始呈朗須臾積陰消暫見天地廣

曩余苦朋從憧憧覺来往動爭百世名于道猶技癢
烈士與貪夫高下均惚恍自㤼如如禪更斷非非想
從来索玄珠得之自象罔豁然去浮雲心地無圠坱

悼賈主事巖

高明數多奇異代吾猶慟矧余枌榆人磊磊更殊槩
兩上 皇帝書隱憂及榱棟新詩有古色一發輒奇
中木雞多晶光天馬不受控若人可數得遘此雞群
鳳傷哉遽賦鵩視天何夢夢吾鄉固多雋大觀復誰
洞著書余萬言徽爾人覆瓿自兹蔣生逕不復求羊

仲空餘老賔客慘慘白冠送

偶述

耕者恒望雨行者恒望霽雨霽天何心而願各遂鑒
去帆駛以風来帆逗而滯天吳于江湖疇能兩相濟
繁花與果實多少間一歲田賨莫相軋世無兩大勢
鷙鷹化為鳩鷹至不自衛不見杜鵑禽昔時為望帝
人失亦人得楚弓何芥蔕

滁陽道中俛仰今古述志六百五十字

天地豈不仁秋風倐而至種蘭豈不芳蕙此當門植

精衛填六海蚍蜉撼厚地頷下攖其珠偶[illegible]驪龍睡
痛定轉思痛淚盡血更漬我本楚狂人倀倀不習事
既迷曳尾龜又匪驤首驥鼴飲但滿腹鼯緣已畢技
通籍自韶年分符忝專涖頗納拔薤諷庶逭維鷄刺
政成迴　皇矚璽書勞傲勸召列交戟下入直青綾
被奉諱星南奔塋柏枯下淚已乖捧檄願更諭就墓
誓王子仍馬曹中散故傲吏拜命及樞筦守官豈瀆
試叛夷訌朔方千里達烽燧雲中調材官遠左暴襲
犄列校頗觀璽太師亦鷙悍臣也憤所切言敷裂

背雖慚留侯箸爭奏朱穆記傷手代匠斲腐心詧輿

議寧曳逐日杖掌張當車臂蝟進那得干麾挫折其

異艱難安足辭臣死且不避釜魚尚逋誅　天威走

緹騎迅雷不掩耳論救即造次猛虎憑其嵎入門各

自媚曾參坐殺人將以禦魑魅臣時乞青山　帝曰

俞爾意平地猶江湖摧殘到荷芰狺狺子椒譖申申

女須詈心驚虎尾凶足蹈羊腸躓盎磈伏自甘歸田

偶然遂宦匪潘岳拙世竟君平棄愚公未全愚智囊

豈誠智強仕仕已休食貧貧不忮南山八九椽隱者

叢桐遷窻間白雲窺戶外流水澌而無車馬來苔蘚
居然積絕意三禾夢娛精五禽戲小那更入山苦為
家口累以茲席為門繚以薜與茘雖然四壁立差有
千秋志此身如蠹魚好餂神仙字擁書得萬卷肯以
南面易上遡自軒羲噩噩不琢質殷周及兩漢文質
大都備迄明盲老公而饒賈胡肆餘馥丐後人沾沾
有精思相如竊婦兒遷亦等閹寺何物兩么麼躭躭
各虎視詩則三百還漢魏得上駟近體大曆下無足
嚌大胾杜陵差可兒萬夫避一隊縱橫二千年吾道

日中賁其人骨已朽聆音想遺吹我明代不乏若箇
登壇帥吾知既無涯吾業廢幾肆所得仲孰多殉名
與殉利常恐志不就蒲柳仝顛頞少年喜窺人千秋
易軒輊從来名山藏亦自笥中笥死者如復生生者
或不愧勿以雕虫咲奪我舊薪嗜

将謁尚書褚公道中自述

猶在天地間自與造物弄世諦未忘情浮生老相送
羲和鞭日車駛忽不可鞚往因幞被出嗣為含沙中
及乎風波淨思之轉心痛習運士行甓不辭漢陰甕

幸全不才年敢覬明堂貢夫子誼則厚謬許大厦棟
雖蠖性故龍已衰德猶鳳感茲國士遇慰我途窮慟
言赴尚書期腈車早鐘動雞聲星欲踈人跡霜尚重
相就不辭遠相知豈庸衆每擬酬德賦庶幾得賢頌
如蒙幽岩吹鉛刀一割用此意亦茫然吾何說吾夢

偶書四首

陶潛志用世惜哉非其時微窺骯髒氣得之荆軻詩

二

英雄在草澤無謂丘壑姿

越石無所成負此堂堂貌安知栢元子沾沾喜相肖
成敗而觀人鮮不掩口咲

三

在人欲報我在我欲駡人鼓降竟不受所以勸事君
惜哉不義侯無乃區區仁

四

大魚啗小魚小魚啗蝦蛆大小遞魚肉區區安驟餘
使君聽我諷請置任棠盂

盱眙道中偶成

南方有文鳥其名為鵔鸃惕此五色輝百鳥相瞻依
自非玉山禾不足療爾饑物性詎可測一朝為鴟鴞
聲既不復祥鳥亦不復隨橘枳與鼠鴽變化誠有之
惜哉王者瑞剝落成異姿所以謂佳人盛年當自持
執德倘不固白首難為期

為和州郭使君壽其父母使君聘以三年最錫
封
變星化為人婉婉仍夫婦誕即麒麟兒墮地千里走
帝念二千石一麾乃出守歷陽十萬户頌守不離口

課最　帝曰俞褒爾及父母煌煌五花誥父子前拜手蛾眉何峨峨三秀孕來乂采以介翁嫗千年對卮酒郡邸戲斑斕養志亡不有白頭並丁寧勉旃　主恩厚我聞重嘉嘆此事良不朽君家郭細侯名出漢廷右以今方使君榮親有此否

郭使君招讌城東樓

使君敬愛客置酒城東隅而我忝華讌日夕猶歡娛樓前列歌舞樓下吹笙竽旨酒倒金罍嘉殽辦中廚促膝更繾綣臨池觀捕魚落砧為烹鮮畏此青尊虛

自頎立鑿姿飲啄不頋餘見眷良不翅大烹何勤渠
頋我賢使君部内沾吹呴頌德介天祐詩人歌樂胥

寄孚如四首

幽崖被陽和嘉枏猶彫落潦雲翳不流川原暵以涸
離哉孤鴛鴦匹儔又焉託矯翼欲從之恨此道路悪
懷中大秦珠為君已心諾

二

心諾滋益悲行踏澁于棘飈風摧高林白日忽云匿
本石啣海濵精衛豈不力情知曷所裨意亦無終極

悠悠竟無成歸來長嘆息

三

嘆息亦何為同胞與我違結交豈不多念此知音稀
喁于各先後如彼連理枝中道不克偕古懽焉可追
願為晨風翼為子凌風飛

四

飛飛阻疆域戢翼猶不安豺狼滿衢路山鬼屠人肝
豈無艾與蕭所願在種蘭種蘭惜當門刈者忍見殘
勗哉大國香相約各歲寒

宣城梅禹金

石火頻以滅而世爭慕羶所以賢達人不受勢利牽
文章亦何物頓操千秋權此道浸以微日月還中天
宛陵名家兒志與秋雲騫博士棄不治古人精與研
遂令作者流乃出韋布間顧我丘壑姿纓簪謝拔纏
以茲訂神交微尚冀一宣報贈及瓊瑶永愜平生緣
不朽何獨難肩者力自綿豫章洵良材自致工倕前
時哉不我與與子非少年大業倘不遂空此華髮顛
豈必比隣居然後稱驩然意氣苟克諧千里常周旋

君登謝朓樓俛仰欽昔賢牛耳問誰執代興君勉旃

野焼謡

焼火焼野田野鴨飛上天野田略焼盡安得仍穩眠
穩眠莫傍山傍山斷及泉穩眠莫傍江傍江横摧錢
江山有時涸鷄犬仍騷然所以吴市卒見幾豈不賢
罽羅復何施冥鴻自雲烟

禓道行集卷之六

目錄

七言歌行

檢篋得余曩時瓊林醉歸圖彼余少俊今遽老醜慨而作歌

題畫為戚四壽其母舅松麓翁

颶風行　估客歌

相公謠二首　[illegible]

楊道行集卷之六

全椒楊于庭著

七言歌行

丙子九日踣鄉闈歸懷張燔却寄

九月九日秋氣多沽酒自酌還自歌一歌一顧雙龍劍幾時會爾風雷見荊山之璞胡為泥中驥服鹽車時時嘶風周鼎斡棄康瓠何功好竽而瑟鼓者空工今朝復何朝城中兒女群登高五陵俠兒騎肥馬萸囊菊酒何為者丈夫失意下京華即有好菊應自花

東方日出大如斗故人遥住東門口念此踟躕空斷腸知君帽落龍山否

天目山人歌

六合之内囂塵不足居我欲御風而行憑太虚誰將彈丸礙明月天目之山渺吳越洞天奇峯三十六三十四峯為天目兩山合沓日月低絶壁巉巖鬼神哭上有凌撐之古木崒嵂似與空霄爭下有千年之雪横其陰六月颯颯高寒生雲飛不到巓脚底空雷聲瀑布半落天齊傾堂堂孤巒蹲其尊南屏玉岑羅兒

孫天台鴈蕩壓將碎大海長江勢半吞乃有僊人氣
絕倒山中時時拾瑤草四顧八荒如無人意氣獨與
山靈好有時閒騎白鹿群千麑萬麑飛蒼雲有時長
謁紫陽君手持一緺七星文有時山頭吹玉笙翔鸞
舞鶴来繽紛吁嗟乎天目山人乃如此而我胡為在
泥滓安得廬敖杖拄到雲溪水為君禮却一片石五
嶽之游從此始

白下愁病擬杜七歌

有客有客道行氏三年彈鋏長干里囊空有文不值

錢饑寒併日愁欲死鵁鶄鴐鵞各所之而我窮阨胡
在此嗚呼一歌兮歌始闋山猿為我啼寒雲

二

我父我父四十九虬髯老叟窮骯酒養兒只待摩青
雲十年塌趐空饑走老烏哺雛雛反哺人間禄養余
何有嗚呼二歌兮歌二奏寒蛩何事啼清晝

三

兒之生兮母勞苦兒之壯兮母黄土短衫短衫母手
裁使我檢笥淚如雨毋令三呺已不聞况復我生竟

寒窶嗚呼三歌兮歌三叠天風颯颯吹樹林

四

有弟有弟氣絶倒生胡頭角亡胡早空餘文藻在人間白骨傷心不自保汝兄灑血向荒山寒食千秋誰為掃嗚呼四歌兮歌四闋脊令哀鳴翼欲折

五

有姊有姊字阿一夜臺一去竟蕭瑟琴鈿塵埋寶鏡妝狐鼠啾唧鬼闚室招魂骨肉全歸此地下相隨免相失嗚呼五歌兮歌淒淒杜鵑為我三更啼

六

所思所思山之陽欲往從之道路長蝮蛇磨牙虎豹踞龍鯄羞澁無晶光天門盈盈隔一水安得渡我河之梁嗚呼六歌兮歌未歇白日浮雲坐超忽

七

人生用之為虎不用鼠此道今人向誰語展鯄展鯄翻自憐半生落莫吾與汝相逢故舊話懷抱長江不盡窮愁緒嗚呼七歌兮歌曲終仰天長嘆天懞懞

贈浙董氏

少年紛紛上麟閣之子胡爲飽蔾藿鸑鷟悶来五色

羽芙蓉匣得千金鍔憶昨扁舟淅之滸便涉江淮走

京洛騎驢狂歌燕市閙擊筑拊缶白日落鸚鵡賦就

誰顧咢鷫鸘典盡轉揮霍興豪郢筒醉猶酣眼空接

離懶不著相逢贈我金光草怪爾神色亦不惡萬里

何如司馬遊三都却訝左生作丈夫休誇好身手才

大戇軻古來有意氣骯髒知者稀我歌送君君不朽

大閲行

九年三月上巳旬皇帝閲武幽薊新雨師風伯清

踝辰後者玄武前鉤陳旗幟雜遝照暮春晃如長虹耀白日簇如文綺排金鱗問誰箭與弓楛矢繁弱決拾匀問誰劍與甲東胡之鎧昆吾珎就中控聲小黃門徐行濶步不動塵指揮組練逞一决千隊萬隊何駪駪

至尊韎韐縷稱身赭袍大纛如神人三公八座扈從臣蟠蟒御戲金麒麟中掌州牧額林中樅金檛鼓爭紛綸觀者如山色逡巡魚麗鵝鸛陣法真漢家天子威絕倫三翼況對挾纊親拔石超距各有神單于慑莫入塞頻繫却汝頸何足嗔

送章元禮令蒲圻歌

君不見去年騎驢披褐湖州生又不見今年高牙大纛蒲圻尹君侯起家一布衣縱壑之魚霄之隼滁州少年不曉事雅好湖州清廟器雄心欲射金僕姑俠氣常麾鐵如意一朝迢迢楚江柁十欲分手九顧我之子之才人則稀廊廟江湖無不可蒲圻一城如手大伐鼓朝來上堂坐須知父老頂香迎須知小兒拜道左生平乎可道今吾非故吾人生得意誰則無古之循吏真丈夫區區榮貴非吾徒

雨中戲東陳年兄榛

今日何日急雨瀉長安城中泥沒馬床頭有魛甕有酒思韋先生何為者憶昨出飲黃昏歸昏昏猶嫌明月微那知中夜雨如注天翻地叉勢洶怒我時驚悖攪我寢風聲雨聲但支枕布衾蒲薦冷似鐵壁蛩啾唧燈火滅屋破雨漏處處濕使我披衣坐還立須臾風吼雨益亟僕子睡著喚不得天明簷前溜猶滴竈底無烟向隣覓千家九家閉門卧何況陳生轉寥寂陳生陳生有酒胡不飲有魛胡不舞胡不對酒擊[illegible]

自擿鼓世事倘来那可覩君不見昨日天晴今日雨

入覲道中聞逐馮璫喜賦

日落驅車抵城卧城中客子拍手賀趣僮問客何所云皇路清夷喜無那昨者有詔驅逐閹閹也之黨膽為破我時就枕還復驚大笑披衣跌足坐從容與客敘其事忉忉不知夜分過元年以来客所知難令此閹勢力大商鞅原以景監進不成更作夔龍佐三窟徒知根蒂牢九原寧顧[illegible]炙手可熱閹灼熏六合之内掌握分縉紳自以為阿父厮養皆得稱將軍

珊瑚如意碎作新麒麟金厠紛如雲可嘆官家煮羊
忍中夜可嘆邊兒土糜箸不下刑餘之輩不足誅信
信吠和何為者當年自詡安如山誰道氷山不可攀
金吾反接逮入獄常侍長流趣出關更聞遺校籍閹
有臍燃郿塢為誰守黨與雖然赦不治洶洶未置言
官口早知世事有翻覆悔向閹門作鷹狗大明中天
霧開霽爾曹胡為竊竊計郢城下吏舞且歌 皇帝
陛下萬萬歲

苦旱嘆三首

四月不雨旱大甚天地無乃為枯乾祝融騎龍渴欲死口吻焦底涸滴難青黄不接耦我麥鬻兒恰得錢十百糴穀無餘更鬻身不然忍作溝中瘠

二

城南十家九離散昨歲水淹今歲旱百畝不當一畝ム入樹皮淬盡人烟斷闢僕肖像神靈多打鼓揚旛雩且歌兩師不來風伯怒將軍將軍其柰何[illegible]僧迎關神禱雨

三

蝗蝻亂飛寧可數田父荷鋤待天雨去冬雪苦不

大顛子無乃迸出玉皇穿兩腸那可常安嬰不得誇
身強有時甘樹滯澮滿化作魚蝦肥稻粱

莎雞行有敘

余夜寢有物行壁間疑其為蝎撲而斃之已
燭之則一莎雞也余心憫焉感愴時事作二
首

江南不識蝎見者為斷魂何當寢壁上有物行盤跚
我悸眠不穩撲之殺焉殘快意幸不螫呼僮持燭看
答云一莎雞使我然自嘆誤殺及無罪哀哉行路難

吁嗟乎桑樹剝皮柳代枯將軍上首級焉知漢與胡
一夫獨作難何必誅百夫莎雞莎鷄憐汝一蠕息感
汝淚沾臆黃雲漫漫關塞黑多少亡魂招不得

二

曾參不殺人阿母投杼走何況我中夜知汝蝎與否
公無渡河公渡河渡河安得無風波莎雞柰合不自
避代蝎亡軀汝謂何吁嗟乎莎鷄白龍魚服豫且欵
之鳳棲于棘群雞所欺瓜田納履君子不爲彼何人
斯智不如葵吁嗟乎莎雞

病馬行

長安道上虺隤馬主人棄擲幽巖下癯骨掀蹄若堵墻哀聲歕血常咿啞落莫誰為一秣芻踉蹌半是羣鞭打我行見此倍黯然傷心舊識騰驤者當年珎重渥洼駒覆以羅帕鋪氍毹食粟曾比八百石乘軒況視中大夫驕嘶不受黃金勒飽飼常啣白玉酥昨聞騎出盧龍塞千人萬人誰不愛肉騣碨礧隅目懸竹批峻耳多光采雄姿漫倚足追風相失空嗟一塞翁過都衹謂同生死伏櫪何知誓始終天寒遠放氷霜

衰鬣毛彫落渾涯滓小兒持畚競相欺烏鳥啄瘡傷不起紫焰方瞳泣已枯不知伯樂向誰是敢把霜蹄怨大行但乞主公敝帷死可憐此馬玄且黃識途之智空自傷嗚呼得不悲思田子方嗚呼得不悲思田子方

相思引念宗漢

朝發兮山阿夕宿兮江滸晝冷冷兮烈風夜緜緜兮霏雨雲有巖兮月有潭思佳人兮江南江上兮蛟龍山中兮豹虎武夷兮春山幽蘭兮芳渚歸来兮結廬

猿鶴兮延佇君不可以久遊兮心煩寃其誰語

與佘宗漢醉歌

東方月高大如掌秋空倒掛松蘿上問余何事夜斟杯故人對此神飛爽更把當年力士鐺舒州杓在同歡賞白幘倒着天為低青山對蹲雲忽朗世事悠悠難具陳十年回首空塵鞅下走今為鄄上侯明公舊作金樹長駿骨難忘伯樂知龍文誤被張華獎拂衣鼓椎世誰憐聽鳥看山君獨往郢客空傳白雪歌巴人那識高山響走也高陽舊酒徒逢君意氣偏倜儻

一擲千金是丈夫不遭三黜非吾儕脫君帽向君呼為君醉與貂襜褕眼前對酒不快意身後浮名知有無君不見齊桓薨去陳思死一匡八斗今已矣釣臺臺畔月如水酒酹莊生呼不起萬事傷心類如此如何不飲空復爾

壽伴松道人 有叙

道人八十矣與余善余外舅為余言道人彭道人弟子而其母王百有二歲余醉大咤率爾得詩

伴松道人生絕奇彭籛弟子王母兒手持僊人九節杖化為二龍光陸離指如麻姑自爬背眉長一尺仍白鬚髯垂珠叩玉齒夜騎黃鶴摩天起道人不知年幾何猶憶堯時數甲子我來夜夜望長庚豈有至人飡黃精關尹莫放青牛去為余强著道德經

水雲亭一字起十字止示內弟

嗟陳生飲君酒為君吟流水東注白日西沉人生駛于箭勞勞傷我心何不被衣脫幘何不檛鼓擬金有酒如澠肉如坻與子一酌還一斟南山峨峨兮雲陰

陰鳴鶺鴒鶺鴒兮喧茂林不成對此兀兀空自老君不
見莊生釣臺只青草

欸乃歌

豈無桂棹蘭橈兮欸乃恨無長年三老兮欸乃早起
打頭壯風大兮欸乃艤船不行寧柰我兮欸乃不成
令我隨風倒柁兮欸乃

贈李華夫

李華夫驥之子鳳之雛生来墮地毛骨殊君家李耳
親抱送世上兒子空區區十三聲折向人揖鸚鵡賦

就鬼神泣昨聞負笈遊長安太學賢關鼓篋入黃金
臺下髦如雲避爾頭角嶷不群口誦韓子進學解手
摹宣王石鼓文天官尚書丈人行慳爾神色獨倜儻
問勞知是名家孫箕裘為喜今無恙國子祭酒諸生
師青青子衿屢問前少年神穎誰不愛呼為小友麒
麟兒昔在嘉靖間詞臣誰第一爾祖尚書郎獨簪如
椽筆一代文章見老成三朝物色竟蕭拜少傅嘆白雪
滿頭顱蒼爾青雲好毛質青雲白雪意何如道士青
蓮有舊廬家雞兒輩休輕厭好向爾頭讀父書

越謠

君乘車我戴笠路上逢君向君泣與君為盟血未乾忍將對面不相揖君不見解驂為贖越石父此意悠悠今不古

楚歌

若為楚人聽我楚歌故人不信天乎奈何君不見夥頤沈沈客殺戮何得周公下白屋

魏懋權使秦便道省覲

京華之交誰秀發吾黨魏二最風骨舊物明珠君自

知碣来天馬充超越憶昔同聲得五君魏劉鄒顧各能文邀余大嚼胡姬肆濡筆淋灕白練裙可惜流光駛于箭鄒劉兩生忽不見虎頭近復挂歸帆東去伯勞西去燕曰余偃蹇郢城侯四旹底事空悠悠金莖君咽醒時渴白日余酣醉後愁君昨夜直青綾被趺坐常麈玉如意頂捧天書馳入閶闔青牛紫氣占關吏二華群真齊候門洗頭玉女来捧盆已叩金箱探奇字還從白帝尋真源白帝靈舟携滿袖歸来驍上雙親壽過里花然萊子衣題橋春映相如綬猗與奇游

哉魏二使我不語心怦怦我將爲君歸卻郢臺之片石與君並坐濮上之烟汀恍若話莊叟惠子二人之平生不成咫尺竟脉脉惱殺風流二月鶯

贈穆公子光僩奉呈尊公敬甫

尊公已逼黃祄作公子青年轉揮霍丹山産来五色毛大冶躍出千金鍔書法爲換山陰鵞仙姿獨颺青田鶴落紙鍾繇見後身題詩李賀猶前卻跌宕翻愁白日低飛騰卻笑青雲薄張旭草字醉濡頭馬融讀書著赤脚天馬行空豈可羈神龍出海不受縛擲地

能爲金石聲逢人但覺珠璣落吾道憑君幟共麾不才愧我鞭先着遮莫陽春和客稀休教明月投人錯老我長酣鸚鵡杯勸君早上麒麟閣莫將野鶩厭家鷄吏部文章自不惡公子工楷草書又善詩

歲晏行寄吳幼鍾

清晨梳頭見白髮歲晏傷心空咄咄昨夜上官来傳来倉皇着鞾脚不襪男兒頸項倔强久恭韝局膝余何有此邦之人苦死猶不然徑上青山走可憐吳郎好心事昨日書来見君意平生咳唾不向人有淚但

覔吾曹醉既不顧萬戶侯又何心萬間厦斥鷃鵾鵬各自知世人誰是大觀者床頭寶刀三尺強光惟不可更禁當明年倘遂延津會箕踞胡床索酒嘗

老嫗嘆 時有緹騎逮曹州知州

城頭畢逋啼老烏城下緹騎馳急符為逮屠伯與乳虎十家九家胡驚呼可憐城南嫗一男官掠死府帖昨夜下即訊男妻子老嫗絕無孫恐與官對理吏持老嫗急嗚咽迸如水請從吏丐命死者長已矣況乃司隸來慓急如流矢所恐仍桁楊何心戀桑梓雖聞

官坐誅敢向人悲喜嗚呼老嫗爾無恐且遊宮中聖人為爾曹既然　聖人為爾曹何不慎選廉吏千百蘇民膏

臨濮行偕李伯承約會穆敬甫

舊年臨濮會太守獨往嘶青驄今年臨濮會故人對酌桃花紅桃花紅亦不惡集頭雜踏又如昨行者擔簦居者張筵千金一裝萬金一橐大俠躍馬揮鞭霍霍胡僧入市箕踞大嚼嗚呼臨濮之遊壯觀莫與伍况乃甕頭酒如乳濮人李伯承魏人穆敬甫與余並

奈何翻翻西日沉沉夜忽午余醒把杯為君壽君醉脫帽對誰舞自從天地開此地凡幾賽世上英雄不復翁眼前兒女空多態所幸千秋萬歲名風流只得吾爾今卻憶思君未晤時只今既晤轉心悲今年今日追隨地明日遊人知是誰功名富貴豈終極畎畝江湖亦帝力丈人灌園何所求令我拂衣去亦得人生快意能幾時且把清尊照顏色

短歌行二首

江南花開忽造次此地纔見辛夷花人生畢竟自物

理即老執戟休悲嗟徃來床頭作龍吼劇憐從來不
釋手為報張華莫浪猜此物亦未干牛斗

二

四年不代期及瓜彈書期會紛如麻府帖昨來急于
火有吏捉人彈向我低頭屈膝乞人憐斷送狂生休
問天不如種秫南山址箬帽青鞋歸亦得

白登臺歌送鄭思成轉餉雲中省覲尊甫大司
馬制府

君不見白登臺古臺下白骨黃雲數磨笄句注跡猶存

千年霸王今何在　大明天子自神武司馬雲中開
州府左賢繫組單于朝今之鄭公古吉甫公子爲郎
美少年虬髯白面氣翩翩頃聞有詔出餉邊大農使
者內府錢爾時陛辭未央殿縉紳觀者誰不羨五月
南風捲客旌行人笑指榴花片丈夫萬里是奇游況
乃戲綵百不憂一片白雲望何處鷄鳴問寢來并州
尚書軍中撾大鼓郎君持節犒羅虎徤兒小校額抹
巾都護将軍前負弩翁也高纛如神人蟒衣玉帶報
主身即也踞上萬壽酒宛如膝下行麒麟巨鼎牽衣

醉起舞紅燭綺筵夜未午葉河大酋擒鬻花門雜
胡背面語但知天可汗遣天使不信即是令公子令
公威靈有如此吐蕃回紇何為爾嗚呼鄭郎意氣麄
是父是子天下無我歌白登臺送君白登途令我雄
心勃勃馳飛弧腰間寶刀四五動直欲與君南滅越
北擒胡不成白雪空頭顱老殺高陽一酒徒

石州行

山西郡縣一百二十城九城遭旱荒汾州以西更蕭
瑟云是當年胡破傷駐車石州城為問石州事父老

為言淚尚揮搢紳罷聽心猶悖憶昔承平久疆圉忽不虞虜歸猶偽捷賄入已逋誅坐令此虜日猖獗公然入寇仍長驅殺掠嵩嵐及汾晉無一格鬬能捐軀哀哉石州三萬戶被屠如獵兎與豝髑髏如山手不顫血流成河洗刀箭人烟斷絕高鳥稀樹林安得巢春燕頃來生息猶未蘇往往鬼哭天陰見傷心鬼哭天陰見冤氣射天白如練可憐爾曹生不辰不逢頗牧當一面只今　天子壯服胡魏絳和戎是廟謨淮南腐儒錯料事跳梁跋扈無時無嗚呼守臣計莫曉

君不見石州往歲為人屠

長江歌送杜惟公留垣給事并訊吳幼鍾

石頭城頭石巃嵸長江浩浩洶呼風孤光凌競白日亙秣陵一片青濛濛中有神鯨勢吞吐衆魚辟易不敢伍有時鼓浪高泊天撼山拔地為雲雨羨爾黃門給事中飛騰豈不與之同近來陪京更華倨往往拔擢皆名公當陽成侯好孫子拾遺之家杜陵里頃稱夕郎挂帆去江上緋袍映江水蒯緱鋒鍔不可當鬼物惏惏猴豺狼藏批鱗犯顏祇細事要以精意孚君主

送君南行飲君酒到日江頭折楊柳卻悵吳生一字
無因君爲訊平安否
戲書分司務壁上二首時同舍生鄭思成代余
榴花四月紅堪把古廨松聲向人灑度支郎官來何
遲十欲出門九借馬卻笑才名老鄭虔十年同病若
爲憐不妨痛飲新豐酒分得君家月俸錢
二
君不見磊落楊大夫又不見風流鄭公子兩生腐儒
不曉事何爲日索長安米度支分司務如山牙籌送

日摧朱顏莫惟此中逐朝市大隱往往藏其間

靈夢歌壽母如母

靈夢穴雙鳳凰凰兮失其鳳有雛摩窮蒼歸啣竹實餧其母百鳥拱集如稱觴此事傳奇自七澤長卿已往誰鋪張鄒生太廟瑚與璉臧玏玄厲寧足方不違將母號以請　帝曰俞哉歸故鄉人生得意蔑不有此兒婾快不可當珠冠老人蹲高坐膝下趚舞尚書郎手捧叵羅踞進酒願母萬壽長樂康老人白髮赭映肉可憐滿閨如羲皇南極一星照南國坩闕五花

榮壯堂生雛有如此兒者豈不與鳳爭輝光

惡少行

北溟有鱗尚魚服涸淖不救鰕䱹辱蓬蒿饑鴟啄腐鼠仰視却嚇冲天鵠楊雄讀書不解嘲阮籍窮途但長哭九折羊腸世路間人情大半如虺蝮我有三尺不值錢魍魎魑嫺笑鋒頭禿黄口小兒亦横行鼓刀惡少睅其目列國何曾館七牢王人不得食半菽孔丘腐儒合絕粮何用留賓學鄭莊馬牛任人呼亦得丈夫豈逐兒曹忙

唧唧行

唧唧復唧唧艤舟灘南望灘壯可憐打頭風十日不得一日力長年三老難道拙捩柂開頭非不識天吳出没河伯嗔行路難行滿如棘乘風鼓栧者誰子欺我逆浪無飛翼揚帆掠我纔仍通使我臨流坐太息不爭我遲汝曹疾如此風波住亦得須臾風恬淨遠天瀰瀰白魚跳傍船指點舟人放舟去痛飲一石昏昏眠

范原易使君招飲明遠樓歌

范使君真丈夫郡齋鎮日一事無豫章城頭吹烏烏須臾湧出萬里之蟾蜍使君與客醉醒醐明遠樓上花氍毹明遠樓下群吏趍蕩胷決眥豪氣蘢南凌楚澤東凌吳座上對把青珊瑚酒酣耳熱為君呼為君呼舊酒徒椎碎匡廬吸彭湖

右丞宋公公子化卿過我豫章見惠長句內述其與亡友魏懋權善并及鄒顧諸子余為戲

歌

世事不平那有此顧生補官魏生死落魄吾曹大可

傳差喜今王交宋公子公子美髯才且雄白眼瞪視秋天空已聞絶驚陳左使更願一識楊郎中郎中淒落三十四學不成名但識字頸項空餘男子身鬚眉不中時人意以兹鼓栧章江游但逢公子頻點頭筆端白雪亦自快世上浮雲何所求豫章之城大如手紫微樓頭日西走與君對壘各千秋肯使英雄落人手難道此物便摧挫君不見君家右丞官仍大

華山歌送李必參之任關中

太華峰頭雲片濶太華峯下石亂落玉井一夜蓮花

開洗頭玉女安在哉昨聞詔出薇花使百二秦州保
障褁行部咫尺蓮花峰看君尊高亦如此古來功名
誰不見二伯分陝今猶羨君今行省關之西成就豈
不與之齊男兒有身足弹壓何用函谷封丸泥雲漫
漫兮函谷關與君別兮何時舉馬上秋風葉滿路歸
葉空留送行處

廣陵黄子之松江教授

暑雲如蒸白浮[illegible][illegible]風[illegible]花樹枝折柏馬不計[illegible][illegible]
潮江頭爲酌黄君別黄君爲買[illegible]松桐十歌分手九

顧我自言薄祿十餘年江北江南半去塵可憐一官
冷無力何用姓名人共識近來責文賤于土五經博
得苜蓿食幾年講席襄江邊贍卻諸生月俸錢今年
調官差稱意依然坐客寒無氈寒無氈復何慕人生
富貴草頭露況今博士拜公卿先生彈冠未云暮春華
亭鶴廣陵蕭盈盈一水雙臺槐到日尚食鱸魚鱠因
君為寄秋江潮

吳尹歸豫章歌

火雲炙人雷震虎送君鼓棹襄江下借問何事抱謗

歸曾參豈是殺人者憶昨歲稷得明府十家九家歌且舞催租無吏村打門抱甕有人野安堵只今瘡痍重濡沫賑饑千人萬人活以旁他邑未有此就食幸緩須更死恨殺蛾眉工妬人暗投明月翻生嗔上書已坐明珠誣叩闕誰將薏苡陳君不見掇蜂拾塵古來有不獨君侯挂人口人生富貴豈終極東門黃犬空嘆息不爾掉臂去亦得君今歸種豫章田彭蠡湖外花如烟胡不痛飲一石花前眠萬事悠悠休問天

鄒孚如謝病歸雲夢

豈其食魚河之魴富貴于我如粃糠掉臂不顧者誰
子前有賀監今鄒郎鄒郎年今三十幾乃使才名日
千里何物幺麼雲夢閒謊爲靈怪能如此自言不願
萬戶侯但願一言垂千秋中原代興自我輩大業豈
肯單單休傖父厭文如敝帚饑鵰腐鼠余何有我有
青山七澤邊挂冠徑出都門走　帝曰鄒郎俞爾歸
弋人何慕摩天飛浮名爵蠟應無味急湍回舟世亦
稀古人今人豈相遠依然一曲鑑湖逕若較名山與
數多賀監賀監如生何

史将軍搗倭平壤歌 将軍名儒

史将軍雄且英遼東小兒知姓名昨聞倭據平壤城将軍耳熱風火生自将一隊五千兵啣枚搗穴倭大驚左砍右刈嚌嚌聲殺人如草不留行裹瘡斷頭衆爭死倭奴羣酋皆齧指将軍洞胸中鉛子太呼萬人盡披靡手提髑髏匹馬飛歸營卸甲血如水将軍氣絶身不仆生氣英英如對壘可惜功名志不伸丈夫賭命輝千春諸公持論拘成敗未必将軍讓古人

兩鮑小影歌

誰將墨濡一幅紙貌得新安兩鮑子長公正襟若玉茁次公耦坐如連理峩弁深衣宛相向不知身在圖畫裏薄俗乖離不足言雁行散失荊花死君家友于更周至兄酬弟勸無渣滓情真好手畫不得提提左辟徒形似安得天下棠棣畫似君可封比屋從茲始

西墅觀打魚歌

朱村古壩深無底千魚萬魚呴沫水巨口不讓淞江鱸綦鰓寧數龍門鯉誰者張網為網魚我有二頃田傍此前乂後罟索魚急蘇鰾鱗駛吻皆濈濈小魚簁簁

低其頭大魚崛強作人立饔人磨刀白霍霍細劙縷切空紛泣但勸腹腴爲爽口割鬐斫鱠何嗟及嗚呼此水只一杯年年打魚真可哀即令漏網不足幸吾容朝朝還再來何如北溟之鯤九萬里力排地軸鼇爲開秦皇有弩射不得況爾漁人何慕哉乃知勺水不足道掉臂且復游蓬萊

後打魚歌

往年打魚魚蹭集今年打魚百不十吾容生憎機械深群魚應訴河伯泣我有圩塘十畝寬挺又更叱田

丁入轉思昨年學種魚魚花纖纖只如粒分明愛護禁勿取翻手求魚何太急魴鯉鰷鱠際會屯洞胷貫頰殊不惜入罟撥刺鱗半批扶創踉蹌血交射臨俎張鬣如乞憐奏刀導窾已就磔蹙蹙似闘長平坑纍纍何翅昆陽馘金盤猶嫌玉筯遲雪花尚恨銀絲濇嗚呼食無魚且莫歎安得盡縱天下涸鱗江海波揚鬐着掉尾中流過魚乎魚乎竭澤而漁柰爾何向來網何其多

無號山人山水圖歌

君不見鹿皮翁又不見河上公羞向市兒道名字至今談者欽高風延陵丈人骨亦傲生平逃名更無號五月披裘還負薪世人但道吳山人山人手持畫一紙山即真山水真水山如畫山翁採芝水如顏水洗翁耳有洞恰似桃花源誰人有力移置此翁時展玩寒颼颼不知身在圖畫頭馬牛從人喚亦得富貴于我何所求吳山人雙玉壺我飲翁酒翁懽呼紛紛有名只如此何似當年名也無

聽胡泮彈琴歌

胡泮別我只數日為我以今夜來彈琴一彈猗蘭有古色再彈松風冷冷深夜為山水聽其曲鳥為低頭悲且吟而我亦是憔悴者因之聽琴淚盈把有如山泉濺濺溜石間又如孤鶴喈喈唳松下欲盡不盡忽夜分山月欲裂吹山雲知君更有求凰操此曲令人那得聞

月下聽簫

美人吹簫月明暮欲斷不斷聲如訴若使姮娥解動心亦應泣對婆娑樹楊柳欲折不應手舞蛟幽壑知

何有鳳兮鳳兮何時來。調與一、附空囬首

過吳茂才留飲放歌二首

去年鞅掌戎馬中東籌日本西籌戎今年布衣無一事日高東方但鼾齁世人笑我休官早我道微官休亦好世人笑我辟交貧我道已愧懸魚人君不見吳郎四十尚潦倒青袍奔走形容老又不見職方在事日席藁時危自分塗肝膽只今天幸亦已多今我不樂奈老何

二

君不見韓安國死灰不然只默默又不見楊于庭失勢落落如飄萍王貢不作管鮑死近來交情薄如水蕭朱不終世所唾田竇相軋君莫悲以兹有錢但沽酒澆君磊磈休開口富貴浮雲我何有日月東西跳九走請看北邙長逝人曾從食客三千否

題吳翁畫竹

丈人手持一幅竹墨素淋漓筆花禿蕭颯如聞風雨來琅玕似待鸞鳳宿此翁清節亦不群直如此竹高出雲歲寒雨雪但偃卧何可一日無此君

題王穀祥選郎大夫忠孝圖是學憲江貞伯家物

誰将名圖花移置君家壁何物淋灕逼化工入門不信丹青跡勾吳畫者誰擅場縉紳之間文與王王為選部穀祥氏往往筆力多晶光即論此幅亦流宕淡濃遠近神皆王貌得蒼松秦大夫飀飀已似聞堂上更有忘憂之萱向日葵欲谺石竇開相向悄然坐我花石間使我披觀色惆悵惆悵一為萱早背慈母恩春暉寸草報不得對此絹素重消魂惆悵一為葵萬

里隔君門雖然衛足差亡恙安得區區向　至尊嗟乎選郎意仍美蕪訓入閒臣與子不比黃筌與郭熙但畫凡禽及山水吾鄉才子名江淹睛畫寧論買山錢平生一腔許忠孝到眼展玩心油然守官但有葵忱在將毋只願萱花妍此畫合落此人手此人此畫兩不朽寄與君家好護持選郎已為傳神久

為李仲白壽其封翁暨張孺人七十

君不見苦縣李耳之孫多禁方配以天上弧星原姓張怪底七十嬰兒貌並是飲得沆瀣之玉漿翁嫗兩

兒氣絶倒大兒簪豸西巡早一疏非關不戀　君纖

衣更着斑爛好小兒理郡亦不群宦遊泣望親舍雲

文武自當東西吏謳歌何減大小君以茲翁嫗但攜

手白髮紅袍對杯酒膝下兒孫盡石麟眼前世事如

芻狗仲子函致祝釐箋一函一拜還泫然南極願並

壯極耀法星常傍雙星懸野人龍門阻眉宇歌得新

詩當鶴舞莫咲楊雄識字多爲翁更續神仙譜

留犢圖寄贈樊使君歌

誰將一幅絹親得留犢圖清風宛然見顔面使我感

嘆蕉頑夫嗚呼古人今已矣使君今人古人比張奐何知馬如羊麗參自解盂中水以兹行李仍蕭然攀轅父老遮不前山陰一錢只暫受廣州片香寧棄捐寄君留犢圖贈君留犢句犢亦不須留留此甘棠樹甘棠樹襄水流此中相思還悠悠不信賣劒畫買犢都是使君遺澤留

七夕歌

朝望天河夕望天河有美一方傷如之何雖然一年只一度握手須臾未云暮何似覆水不再收君恩一

旦如朝露妾身株守妾心孤織盡機絲淚盡枯縱教河鼓長相棄肯學嫦娥忍去夫

送金九貢鄉試

東南竹箭何足齒揚州之金貢　天子已知風翮趐三秋還見霜蹄致千里勸君莫學漢相如只為區區駟馬車男兒得志尋常事蚤向麒麟閣上書

檢笥得余曩時瑣林醉歸圖彼余少後今遠老醜慨而作歌

少年一擲如飛電絹素依然少年面白馬雕鞍穩稱

身酡顔初罷瓊林宴當時自許良不輕肯使書生負太平致君堯舜眞吾事不數尋常公與卿二十年來事偪側轗軻壯士無顔色廷尉門前署不辭將軍道上呵亦得一時年少莫相嗔亦是當年年少人男兒況是身猶在縱對青山也不貧

題畫爲戚四壽其母舅松麓翁

畫師畫松得松骨虬蟠似是千年物入畫麋鹿松間游對之如聞鳴呦呦渭陽賢甥手此幅稱觴遥在松之麓他時跨鹿從赤松無言此幅非眞容

颶風行

天風颶海湧潮征人暗啼痕未消前年父死胡去年兄死遼今年勾軍及阿弟年未十六充戎驍老嫗送兒哭哭哭聲干雲霄一家骨肉已畧盡忍見弓刀仍在腰漢家天子事征討轉輸四出民脂槁酒酤榷盡算舟車个个傷心不自保驃騎將軍但蹴踘不聞苦辛全士卒生莫生男男作丁作丁半是邊城骨

估客歌

大艑舸峨頭夜到揚州泊借問艑上郎休歌估客樂

估客江湖飧且眠男兒性命勞可憐昨日石尤風灘頭心鬱煎父客藏產半牙籌無子錢今朝長年喜動色五兩輕帆挂亦得偵者為言未可行前有江洋掠人賊江洋賊猶可中官権殺我上船九船盡括掠群僬逼急如星火君不見此曹克囊顧未畢公家十三汝十七忍見群黎慟哭時轉思列聖艱難日萬一山東下詔書荒山泣血空愁疾

相公謡二首

往余餉榆塞聞塞上人之枉曾制府銑也而

悲之已讀實録知分宜以銑事并中貴溪殺之于市衆庶不載竟被惡言嗚呼哀哉禍所從來矣

李相公復維州牛相公棄維州可憐睚眦故枉殺悉怛謀悉怛謀猶可淪没維州痛殺戮嗚呼奇章惡不滅不及分宜殺同列君不見河套一處不復收土人猶唱白浮鳩

二

魏其武安兩怙勢武安貴在日月際以此陷殺魏其

侯滿堂賓客皆垂涕古來相軋類如此嚴相輩語夏
相死漢宮蛾眉逝魚肉何如梅福在吳市君不見西
市舊鬼揶揄新鬼哭夏氏昭雪嚴氏族

乾皃謠 有序

余從搢紳後則聞所云乾皃于分宜江陵者
蓋司空某婦入省分宜嫗至袒韝蔽自上食
已褒金豆散諸僬亡不嘖嘖司空婦美嫗襛
道虎林制使太保其跣胥哀昇入哭而江陵
方炙手可熱也按楚御史某語三司老父頭

書至有竊哂者噫吁至是哉乾兒謡志微爾

貧家小親兒婦啐語豪家乾兒奉滫瀡蝡蛉憐果蠃勝似鳥生八九子乾兒司空婦孝姑廁牏親浣行親扶行親扶金灊袖諸儛人逐金豆乾兒太保哭阿娘跣而舁棺堂中央堂中央苫塊處有淚懸河復東注乾兒御史持大斧手持赫虓喚阿父阿父存御史尊阿父殁御史逐嗚呼乾兒父子何太親掉臂仍是行路人

揚道行集卷之七

目録

七言歌行

元夕樊使君過飲放歌

丙申初度追念平生心焉如割作五歌

謝樊使君惠鹿

樊使君初度

岱石三章章五句哭賈魯瞻憫其抗疏得罪早夭亡子死之日貧幾不能殮云

吴幼鍾兩都疏草

贈瞿睿夫　為睿夫贈其門人張復

為金八題曹牖觀曹娥碑圖

和州郭使君招飲城東樓放歌

楊道行集卷之七

全椒楊于庭著

七言歌行

平靈武行

黑雲如蓋賀蘭高萬馬嘈嘈擁賊壕已喜犬羊皆敗去即看螻蟻又安逃郢支傳首知今日鄖鴻然臍笑爾曹可念滿城遭毒螫也教全陝困腥臊諸君自畫麒麟閣白骨誰憐鬼夜號魏公沉幾古來少葉公挺挺英雄表中丞躍馬欲吞胡御史氣與秋鴻渺地軸

如傾公等扶生憎平世功名小龍虎風雲各有時一
朝弘濟艱難了首稟樞謨用水攻次遵　廟筭分番
擾假息初游釜底魚乞降更醢籠中鳥受俘　帝坐
明光宫　天顔有喜春雲曉組練三千白日低河山
百二朱旆繞掃却攙搶若建瓴漢家高廟有神靈只
緣郟鄏還過卜未必燕然可勒銘蕭郎年少功仍冠
李帥家聲百戰經當日若無趣疾下也如充國困先
零虎頭自合封侯相天幸何嘗敗衛青從此河濟[illegible]
亦宴飛鴞改音獸革面復闗依然威鳳翔三山無恙

神釐冀 聖人宮中奏雲門天下嘻嘻盡清讌箇箇征人着錦衣家家沽酒賣釵釧萬方快覩鶴禁開九廟親勞 至尊薦安得放馬華山陽使我歸耕亦不賤

十四夜小酌對月歌

他人愛月月圓時余意愛月廿三四遮莫清光漸就圓生憎圓夜虧將至缺人人[illegible]從来屢滿非佳事我今有酒胡不歌今夕何夕如月[illegible]君不見陶令歸来貧不嗔漉酒便脫頭上巾若須富貴後媮快

世上應無稱意人

十五夜[illegible]然堂對月

一月月一圓一年十二見圓月陰雲强半妬清光幾得瑩然出叢繖今夜之月胡為來皎如金鏡掛在萬里之瑶臺萬籟為我寂浮雲為我開人生萬事賭一醉江水不妨為醱醅君不見靈兎夜夜空搗藥只在月中亦不樂

十六夜

昨夜望不愜今夜還待茲須臾擁出摩尼珠秋水萬

頃熒琉璃既有八萬二千戶何得一夜還復虧君不見阮公杖頭掛百錢家無擔石猶晏然又不見吾家子雲只識字閉閣餓死誰爲憐何如跌宕畢吏部左手持螯浮酒船萬事置之休問天

十七夜

今夜復待月月來何太遲一夜不見月藏半阿誰斫殘桂樹枝桂樹殘猶可姮娥半藏愁向我竊來靈藥復何在刹削不救明珠顆對此萬斛添我愁安得置我廣寒清虛之瓊樓富貴浮雲何可求富貴浮雲何

所求

甲午元月試筆二首

道人行年四十一飲酒彈琴願差畢自嗤乳臭宜去二誰信嵇康不堪七却憶兒時喜說春一回歲事一回新來不知年大嗔何事無過佳辰淚濕巾

二

陶家五男尚唧唧生憎不好紙與筆我今抱女亦已寬歲首嘵嘵命索棗栗兀兀詩囊又一年酒脯祭汝不勝憐阿妻大笑渾無賴耐可東家充酒錢

浣花莊醉後放歌

前年干戈愁欲死去年謗書挂人齒五斗猶妨漉酒生三江已屬扁舟子從他開口取卿相卿相畏人氣亦喪從他平津賓客多江都老死如命何平生顧我為人淺削去微官眉始展世態都從酒底忘窮愁盡付詩篇遣非日囊頭無一錢妻嘲女啼殊不憐丈夫七尺渾無賴眷屬搏沙亦偶然

春野耕烟畫歌

筆花貌得春畦好烟雨冥冥暗層島樹底微茫見茅

屋隔村野人自驅犢遠勢更着扁舟人疑是桃源人避秦我亦春烟問津叟不知身在圖畫否

新篁行

平生性癖只種竹百竿檀欒傍茅屋琅玕灑灑高雲涼寧對此君不食肉幾日為愛新篁添流鶯一聲時捲簾大者亭亭高出簷小者迸地頭尖尖清風爾來碍白日此間掀髯更抱膝為問當年六逸人着得楊生逸為七自今老却犬馬齒呼僮斬竹頻杖此若過葛陂莫擕從只恐化作真蛟龍

樊明府打魚歌

樊侯打魚襄江岸魚駛跳波行荇亂須臾網得雙錦鱗爲我生致長尺半一魚撥刺不受刀一魚筵筵紅尾勞落碪割鱠雪花碎佐酒放箸金盤高感侯餉我情不淺顧我食魚意猶緬失意波濤亦可憐託身溪瀨寧能免魚乎魚乎勿謂鯨鯢洶洶漏網多不是吞舟能柰何

醉歌行答樊欽之

只逐時人游不向時人唾衆中見樊侯町畦始一破

樊侯瑩瑩不受滓明珠珊瑚出海底白眼何曾輸與
人肝腸只爾巢居子東居子栗里生江州刺史勞干
旌欣然籃輿便對酌西日已匿尊還傾君不見禰衡
狂生衆所怒少府傾蓋遂如故又不見中郎平生少
許可倒屣王粲為虛左古人愛才若拱璧今人嫉才
復下石樊侯樊侯尚不免至如庭也何足憐君同
病飲君酒濯濯新詩不離口何物能分造化權千秋
自落吾儕手却笑區區七尺身浮名身後定誰真眼
前一杯不快意江東步兵應笑人

陪樊明府飲王園醉歌

城西人家有好竹使君徑自入休沐嘯咏不問主人誰寧知王湛果癡叔自僕之來吏事稀素琴一張書一簏人言葉縣滄飛鳧我道渤海得買犢太守雖然水一盂步兵但醉酒百斛墻頭濁醪差可添金底鮮鱠亦云熟與君轟飲了不妨吾輩豈望容容福勢利熏心轅下駒功名翻手蕉中鹿途窮男兒亦偶然何事阮公便慟哭

戲贈欽之

誰將酒星下青天倏忽雙隨去襄江邊一爲獬豸觸邪不得售一爲鷄舌含香長棄捐棄捐差穩眠一官尚不還掀髯對爾各大笑笑爾文章不值錢以玆酗酒莫辭遽但得一醉破千慮朝見無心岫出雲不知暮歸竟何處有酒便漉頭上巾無絃一琴足箕踞舉手爲謝王江州我醉欲眠卿可去

七夕行

旬日夫不歸少婦淚如霰奈何天上匹一歲纔一見一使黃姑辭動心亦應此夕增悲戀爲問寒衣卽有

無七襄未就妾心孤君平錯認支機石是妾停梭坐望夫

乞巧行

雙星熒熒夜未午穿針女兒祀河鼓但信天孫巧自多不知此夕淚如雨富家乞巧柰巧何描刺雖拙澆羨多貧家乞巧只是巧織錦與人不一飽人人道巧終有餘我道拙還寧不如君不見織女七襄爲巧誤河漢年年只一渡何如偕老不下堂拙婦不觧縫衣裳

還山吟

還山吟泉淙淙兮雲陰陰松子滿地烟蘿深世人笑我不善宦山中野人知我心知我心携我手左持蟹螯右持酒箕踞調笑無不有囊底有錢將與人眼前世態慵開口行年四十老將至鷄肋牽人一官累及至無官轉懊愁笑君錯誤一生事

田家酌酒飲漫歌

步芳礫兮田間日沉沉兮忽晚從田父兮揖余邀歸來兮黍飯閒群龍兮滿朝君何為兮偃蹇謝父老兮

不才鳥僊飛兮夕逈夕逈兮山阿縱巨魚兮跳波撫
柾簡兮三弄學任釣兮一蓑既纕佩兮蕙蘭又製衣
兮芰荷朝眉雲兮翠巘夕竹月兮烟蘿林既熟兮醲
酒爲君斟兮邑羅絃美人兮天畔時不可兮柰何

不遇詠

去年一官被擯斥今年種田仍不被賔客滿門去暮
盡家徒四壁空搔頭少小放浪不解事到今蹭蹬還
百憂青門瓜地蕪已橋灞陵將軍誰夜遊西奔白日
東流水世上榮枯亦如此已拚種種何能爲安用沾

沾差自喜吾心事知誰可共論山中落葉空滿耳

征婦詞

匈奴八月南牧馬征人戰死邊城下閨中少婦猶愁思寄衣尚恐宜不宜可憐鴉噪惱妾意十夢九惡緣何事街頭走卜歸來歸未知已令白骨飛

五哀詩 五哀者哀同年五生也五生賢而早夭余哀之悉託之聲詩令後世有述焉

南樂魏允中

雲冥冥兮雨絲絲悲河湖兮歸何之海水可填山可

[illegible]拔龍姿君更婉嬺工聲詩贈言在笥猶

陸離風雨只恐神物竊夢中彷彿魂來時游魂何處
浮雲馳吁嗟魏生能不悲

句容陳榛

江有芷兮沅有蘭悲白下兮夜漫漫握君綠桐爲君
彈君更起舞陵七盤一曲未竟淚洗瀾別時記君勸
加餐琴瑟雖御無心肝哀哉孤雛空欒欒也淚在睫
何能乾吁嗟陳生使我嘆

丹陽張肇

秋風厲兮江上吹悲毘陵兮晤無期與君追隨兩閒

時念君溫溫琳球姿君家壁立諸生知繞繹羅膺擇

撽馳骨立家難旋亦萎蘭摧玉折行道悲男號女啼

長苦饑吁嗟張生猶茅茨

徐州張鶴鳴

有鶴有鶴唳空皋悲徐州兮隨逝濤與君呼盧貰濁

醪我歌君和聲嘈嘈潮咲洶沫秋天高君逝鬼方無

乃勞萬里歸櫬猿夜號和淚掛劍腸如刀不謂垂老

失綈袍吁嗟張生埋蓬蒿

漳浦劉廷蘭

北風獵獵雲不開悲清漳兮心如摧長沙夭死沉湘哀念君千年詞林材結社得君兩無猜雙龍斗氣胡爲乘鬼物撇烈安在哉君有文字埋蒿萊精光夜夜燭上台吁嗟劉生空九垓

秋雨嘆三首

秋來一雨報旬日閉戶僵卧吟愁霖雲師欲攫赤烏去羲和無力鞭重陰皇天不仁我祗苦三伏不雨八月雨野秔爛死不得收官司徵糧猛于虎

二

堂上汆衣滑于沜堂下蛙黽鳴不休城中桂玉幾能給十家九家長嗍嗽昨幾偶晴月仰危令晨兩脚翻盆下祗恐高天遂瀉傾只今誰是補天者

三

歸來布衣只環堵一年愁乾又愁雨膚寸猶然十日霖黑蛇騰踴商羊舞雨中黃花亦無色離披摧落東籬側可惜亭亭傲霜姿栽培不得神明力

甲午九日

一年稱心那可數十載陰風重陽雨烏兎如教解動

心亦應泣訴天公苦鷹啄泥中野濘深蛙鳴竈下秋
莖腐却憶年年落帽時只今兀坐不勝悲哳将土木
空微念剩得鬚眉已厚慈狙喜狙嗔誰得料狐埋狐
搰復何辭還持一掬千行淚濡筆佳辰自咏詩

乞鹿行有序

所為畜鹿于堂下也者則野人與之游一快
哉會釋奠而樊侯以鹿請余重違之矣侯曰
知生之愛濯濯呦呦也英人六人習余余将
遂二麋以獻之從者若何所為作乞鹿行促

侯也豈其不忍須臾之不宴而故促之則侯

知我矣

中林甡甡應星斗誰氏失之挺而走迹人為我生致

來呦呦堂下如求友王喬未許叅駕翔陶淡自得廬

山偶何必縱令觸匈奴只今濯濯亦不醜鳴呼雞猶

憚為犧此鹿觳觫臨匕首就縛翻憐不擇音落礁竟

死饔人手樊侯顧我莫嘆息會須澤中致其牡誰為

角之誰犄之使我拄杖踟躕久具圃原圃那可尋夢

中尚為蕉隍守道士玄都鳴也無明皇銅牌今在否

剤憶珊瑚拂檻游毛憐班白文耕刪何當一醵致我

前大吽磊塊澆之酒嗟呼人生失鹿何不有君但會

意勿開口

秋興四首

大麥初佈小麥青秋秔刈盡銍欲停閉門釀熟不願

醒何能坐學老博士兀兀自草太玄經

二

朝三狙怒暮三喜喜怒多溢惡喜溢美世態悠悠君勿

理謝客常關白板扉貧暄自徙烏皮几

三

秋菰米熟魚滿陂大婦紡布小婦炊村中社酒曳杖遲無言鶴長與鳧短賦命已定悲何為

四

鴈門太守二千石躧履不如一縫掖浮雲富貴只一擲雖然趙壹解疾邪何如向平善讀易

驚蟄日大風雪柬樊明府

正月已破二月至朔風吹凍雪滿地東郭先生曳履穿洛陽處士閉門睡黃金寧為壯士顏白眼不中時

人意貰酒苦乏杖底錢挼人漫感憐剩君恩逝水
不再還交態浮雲合相棄虞氏窮愁空著書楊雄寂
寞空識字君不見雪中斷蘆鴈濕翅虛弦擽刺驚還
淚

樊欽之食朱櫻而甘見示長句輒和一首

侍從曾經食大官寢園分得赤瑛盤而今玉筋無消
息歲歲嘗新淚沾臆黃州逐客全椒長三年夢斷金
莖掌何物朱櫻訝許圓筠籠頓覺開啓奐新詩形似
宛崖蜜使我津津口涎出翻恨神農尚不知鋪張應

屬君侯筆櫻乎櫻乎爾自紅怪爾貴賤託種胡不同
貴者擘出明光宮千顆萬顆珊瑚叢賤者委頓隨狂
風鳥殘半落涎沙中人生際會何不有與君磊塊但
澆酒君不見書生長揖丞相怒何須更伐櫻桃樹

樊使君誕日戲歌

少年輕薄那勝數君侯謫官不言苦諸人骭食不識
字君侯百家腹作笥君侯筆花鬼夜號君侯氣節秋
雲高何來天門忽折翼成就未可觀吾賈我過四十
君更進相看白絲欲生鬢少日曾探羊祜鐶壯年羞

說蘇秦印今辰何辰進君酒爲君祝鼈不容口願剪
長江作壽醅不知柳已俄生肘君不見一日上樹能
百廻健如黄犢安在哉與君轟飲各百歲亦是生前
有限杯如何兀兀空浮埃

再答欽之生日歌

樊侯山甫之子孫補衮家聲今尚存生時墮地兒昂
宿手抉雲漢捫天門十年界綉花驄馬封事爭傳晁
與賈剩有批鱗日月高那堪塌翅風塵下批鱗塌翅
竟何人金粟如来是後身已悟六塵渾是幻即遣三

點不須嗔何物小兒楊德祖與君忘形到尔汝失勢猶蟠袖裏龍託身應嘆倉間鼠今年懸孤四十七唯我知君世無匹既不願碌碌躍馬食肉蔡澤年又何必遂初賦就與公筆佗日休題道士桃只今且種淵明秋

姚生為我寫浣花莊圖贈歌

浣花莊頭竹萬箇雲樹冥冥日西過誰人移置楮素間盧江姚生筆力大畫得危亭怪石懸中間何人更趺坐似是貌我苦吟時從旁但少羊何和姚生點綴

殊可喜近濃遠淡皆山水意匠兼疑縮地方不然南
山襄江胡在此郭熙山韋偃樹畫師好手不可遇爾
今錯比輞川圖知君亦得滄洲趣滄洲野人跡如埽
三年但夢青山好請君放筆着我二室三花間卜廬
五嶽吾將老

老樹為風雷所壞歌

浣花莊頭有古樹亭亭排空神物護樹下婆娑時一
哦冷然天籟笙竽度一朝獵獵風雷来拔屋偃樹使
我怖力撼蟠根地軸翻勢傾直幹天公怒百年儲尒

梁棟材何意凋残良可哀甚者什地同蒿莱次者折
裂元氣摧半生半死從人猜吾廬顔色何時開嗚呼
眼前空見此山太嵂崒可惜林木髡欲突對此咄咄
無了時不如目送孤鴻没
是日風雷并掇縣前鳥栖樹樊侯夙蛩鳥聒為
之谽然作歌余和之并為鳥解嘲也
縣前老樹經霜乂群鳥噪集如求友樊侯頗嗔此物
聒時時過之疾其首雷師風伯何處来疾吹迅掣如
拉朽我聞樊侯翻爽然抵掌示我詩一篇此鳥雖然

殲雛惱人意覆巢毀㲉能不憐為侯勑烏爾胡攫此小史道旁肉神明使君欲驅逐烏若訴我曾是御史臺中栢上啼而今不得一枝棲飄風驟雨何太急處處啼烏墮巢泣

此物行

樊侯喜吟已胡創而欲止吟余所為作此行也

此物落落如晨星此君沾沾吟不停有眼肯為時人青誰其和汝楊于庭此中小兒拍手笑笑汝一官尚

不調薄俗手令已諱詩苦吟何必如年少此君聞之
為色阻以手指躬重青汝汝已虛弦撥剌驚弃何捉
筆仍軒舉更語楊生亦勿吟金入三緘無一語楊生
前致辭君言胡自猜放逐別有營豈必詩為灾我聞
此物亦不惡三光為銷草木鑠過眼何知九列躋稱
心寧許千秋託君不見星或好風或好雨人生飲啄
隨所取又不見北邙山頭墳突兀不應只埋詩人骨

病後見白髮自戲

勸君勿停手中卮勸君勿悲頭上絲頭上絲汝何為

我今對鏡一問之何不綠鬢如少時濯濯自喜饒春姿汝胡大不仁星星蚤見欺二毛潘令亦已遽數莖杜甫誰能辭誓將遂鑷汝勿復穢我儀強顔學年少無為時人嗤白髮愁然若有訴笑我達識胡不早黄河東流日西落丈夫豈得常美好泉甘况先竭木直况先伐吾衰孔不免歲月去飄忽我聞古之人番番詢黄髮喜汝漸老成慚汝自咄咄咨爾白髮洵如爾言亦不醜爾自星星我飲酒萬事置之勿開口

南兵行

海風吹腥日来大剝膚震恐高麗破北兵瑟縮募南兵南兵犒飽北兵餓此曹先年曾破倭藤牌筤筅倭刀挫至今惡少竄虛名大言掉臂仍殘唾去年薊州脫巾呼跳梁跋扈誰能那今年健兒蔽江下沿途不翅豺狼過白奪釵釧換酒沽市頭亂攫船頭卧居民驚鬨叭喇唬十箇市店閉九箇用兵豈問南與北萬人如虎驅亦得君不見望海渦頭纛戰殲長鯨昔人亦是遼東兵

苗兵行

貴州苗兵號健卒捷如飛猱更奔突高山峻箐慣横
行入陣紛紛擊如鶻此苗生長不識胡用之擊胡仍
氣麤猶方昨年苦胡禍制府急調馳銅符銅符赴難
八千里椎牛釃酒群苗喜不知胡如風雨來鐵騎衝
堅盡披靡百戰寧辭為國殤千人可惜同日死亦有
龔遊擊夙稱義烏豪與苗誓滅胡為苗賣斧刀天陰
見燐火鬼哭邊雲高古來對壘不量力多殺士卒亦
不克遊擊遊擊亡魂勿嘆息生不封侯死廟食
十三日夕無月東樊使君約以中秋夕過我

月輪杓安作明藏望而不見空騷屑縱使浮雲翳太清劃然天地終瀅潔孔丘猶為盜跖笑人生何得無點缺饑鳶腐鼠嚇鵷雛世事悠悠忍嗔説近來貧賤轉畏人滿眼干戈淚流血只有樊侯解知我使我感激肝肺熱逐臭憐君嗜好殊慕羶媿我逢迎拙恨殺杯軋動逾旬故人况逼中秋節與君相期三五夕為君把酒呼明月月乎月乎六合之內飛揚跋扈兩酒徒此夕清光那可無

八日樊明府招飲

今日人日雪滓馬樊侯招客行杯斝縱使梅花恨未開亦應金縷攏堪把憶昨雪片大于鷺一夜雲開月華露過眼陰晴總不知到頭得喪何須妬樊侯昔曾手捫天余亦玉皇香案前天門閽者怒何事澤國波臣窮可憐窮可憐勿嘆息行路難行巇如棘汝既不能决西江之水而活我我亦不能送汝九萬里而鼓翼匣閒兩龍鉠無力真寧茫茫訴不得秪應痛飲人日酒明日浮沉我何有春去春來爾柰何向來變態何其多

元夕樊使君過飲放歌

誰將青天擁出萬里之蟾蜍照我堂上成火珠又誰網得葉令之雙鳧烱然清氷置在迎風之玉壺今夕何夕興莫孤為君美酒十千黏主人門前栁五株樹下繫着花驄駒行酒便是平頭奴與君浮白仍呼盧君道手談不曾輸可憐赭面撚赤鬚明燈對映紅氍毹君莫戀當年金吾弛夜之懽呼我亦莫道今日碧山長嘯不負吾自從干旄在浚都此意于今知有無

丙申初度追念平生心焉如割作五歌

我生之辰歲甲寅我父少孤仍孑身是時得我父色
咲灼臍覓艾呼四隣我今十年父不見歲歲懸弧淚
如霰向日如知風木悲何心追逐金閨彥

二

我生之辰毋劬勞三年癢痛還抑搔我纔髫丱毋遽
背白日不照蒼天高男兒有親九原隔生不承懽奠
何益篋底猶留舊澤衣剪縫是毋手中跡

三

踰冠承恩事 明主玉墀畫接夔龍武張臂當車秪

自憐搗心茹蘗誰云苦我今江湖亦虐虔有身豈為儒冠誤每念　君恩淚萬行常恐隕落先朝露

四

所思所思糟糠婦生仝甲寅月差後倚讀挑燈至夜分家徒四壁親虀臼我今七年不見汝今長何長泣鴦侶莫咤曾參更娶妻也應張禹猶憐女婁所生一

五

少時有兒不解愛到今無後摧肝肺每憶平生泣隕珠天之生我辰安在我今四十齡又三檢方類問婦

宜男高榆百尺我手植樹猶如此人何堪

謝樊使君惠鹿

山中之人何所求濯濯但共麋鹿游自從樊侯用釋奠使我堂下無呦呦何来獲鹿更餉我蕪之新詩爛然墮既顧我眼見此鹿變白又變玄又顧我孳息若此長綿綿感侯為我意仍美不獨虞人得麋喜別人餉鹿只是鹿筆端豈得仍如此我聞王子喬駕此遊蓬萊火棗靈芝如可乞為君一日騎復来

樊使君初度

初度復初度逼此流光屢一官仍一官留滯在江干
江干留滯未云老今辰何辰及傾倒白眼看君調咲
多青山嘆我形容槁畏途失足更誰憐舊事傷心不
自保猶喜江湖傍客星共將詩酒寬愁抱天生我曹
必有用安得兀兀心如擣縱使功名陁畫麟亦應筆
陣千人掃只恐千秋萬歲名一生費爾窮幽討抗疏
猶餘栢典驄駐顏漫說安期棗何必前身是昴星不
妨到眼皆蓬島為君問巫咸為君叩蒼昊剪取長江
釀作醅一年一度醍醐好

岱石三章章五句哭賈魯瞻憫其抗疏得罪曰

天亡子死之日貧幾不能殮云

岱山之石干虹霓上有文鳳常孤栖山崩鳳死猩猩
啼素車已少張邵友布被只有黔婁妻

二

我友我友崑山玉生何卓犖亡何速傷哉薤露年命
促河若終清爾不聞天如可籲人須贖

三

我所悲兮洛陽才絳灌已妬天仍猜鵩鳥入舍胡為

災賜環賜玦為誰恨良弓良冶令人哀

吳幼鍾兩都疏草

事君而犯先勿欺幼鍾給諫今有之呌闞兩垣動謣謣琅玕滿腹披始知君侯草疏莫削藁晁賈流傳應更好要使人知不諱朝　君王自拜昌言早與君十年別不見見君封事淚如霰白簡爭懸日月光青山豈合烟霞戀名高去國近紛紛泣伏青蒲久不聞罪祇戀　闕空於邑安得人臣盡似君

贈瞿睿夫

風吹少微忽墮地瞿硎先生夜来至太史兼傳父子名徵君自甑山川氣莫道青山傲此身須纑無數及門人孟公若箇猶驚座郭泰何人不折巾我亦把竿襄江下逢君習氣渾瀟洒敢學延陵問拾金丈人自是披裘者

為瘖夫贈其門人張復

自交黃州瞿瘖夫雲雷亂走蛟龍呼偶然班荆得國士況乃負笈多門徒負笈班荆各傾倒遥知書帶山中草若箇門人到後堂嶶州張復樞衣早張復著述

蕪嶔詩一趨一步皆阿師阿師自分蔡邕老書籍吾家畫與之小嬰阿甲絕英邁胷吞雲夢不蔕芥得君對壘氣彌雄鬼物撇捩天公慳老瞿落落小瞿死赤壁倒枯一江水九辯誰招屈大夫諸生更避張公子張公子瞿先生大兒江漢之北辰小兒墮地原麒麟東家之丘爾北面自吾有田門人親我聞先生自此升蕪徵弟子為朝臣不是腐儒叔孫氏汝曹勿復稱聖人

為金八題曹瞞觀曹娥碑圖

曹娥碑傍記八字觀者如山不解意行三十里乃得
之瞞與脩也智孰智此事悠悠千百年至今猶作畫
圖傳分明絹素見顏色使我瞻對英雄前一人為瞞
沉思苦欲解不解神憮憮一人昂頭已了然問是吾
家阿德祖畫師為誰必窮識摠之淋漓好筆力一夜
風雷撼去飛何来便為金季得金季金季真雋哉眼
中對爾猶塵埃會須寶此飛揚磊落之竒才嗚呼此
幅一玩一嘆息君不見楊脩之死為雞肋

為吳人題月明千里故人来圖

君家之堂見青嶂茅屋深林宛相向明月翻懸素練間故人更在丹青上畫師竊識摸糊久吳下流傳滿人口愛爾淋漓形似工分明磬折天涯友恰如嵇呂相思命駕時又如張范千里雞黍期兩人握手月明下乍悲乍喜無人知嗚呼此畫意尚古今人悠悠賤如土余亦曾經貴賤身朝見為雲暮為雨安得畫師好手一揮一幅千幅多代我署門為我歌門前咫尺只明月故人故人將柰何

擬文臺為蔣侍御歌

古來宦遊亦無數至今只傳潞公臺乃知男兒在不朽富貴于我何有哉北海蔣公近崛起築臺巋然更相擬未必今人讓古人須令柱史光前史既不學築臺之築釣臺釣又不學吹臺歌吹嘯臺嘯只有高山仰止心清風百世還同調自公之巡濠泗邊赤心白簡拱青天要使村犬不吠夜要使部吏無索錢鐵冠繡斧氣凜凜潞公風釆猶依然臺之高高以羨山西山東兩巡峙千秋潞公滿人耳看君流傳亦如此勿向 君王早乞身四朝將相從此始

贈陽別駕攝滁篆得代還廬州并呈李司理

自攝滁州符只飲滁州水滁水比使君使君清見底廬人謂滁人盡歸我郡倅滁人謂廬人盡留我境内使君何知廬與滁到處春雨隨君車道州陽城碣遺愛君豈苗裔人不如已題別駕輿豫章滿人耳更佩別駕刀三公自此始不道吾言信有徵請君為問龍門李

為汪三題虢國夫人上馬圖

君不見虢國夫人承主恩平明上馬入宫門椒房薫

灼雖已美圖畫流傳今尚存君家壁間生氣逼千載蛾眉見顏色彷彿鳴騶勢欲來婀娜宛若嬌無力頭上分明翟羽冠褘衣腰衱照金鞍乍無乍有麗人態阿堵偏宜絹素着後擁黄門及宫女夾道松陰覆羅綺虬髯蒼頭持大盖顧後似是揶揄語即論此馬亦有神方瞳瀏步如向人好手不知元與宋妙在寫生還逼真馬嵬吞聲美人死夫人喉頭血戈紫畫師何用仍畫此何如畫作脫簪圖草茅持之獻 天子嗚呼若使此事在目前寧使此畫不直錢

淮陰侯廟歌

蹄涔之水化為龍淮陰餓隷齊王封白龍為魚困螻蟻將軍受紿兒女子嗚呼登壇片語何其雄掃除諸侯如發蒙多算竟刎重瞳者寡恩不知隆準公淮陰祠中狐鼠走奠侯一杯汝何有跋扈能分楚漢權徘徊竟俛英雄首不信將軍負至尊向來一飯尚酬恩諜臣只解游雲夢百口誰為明覆盆覆盆不燭走狗死未央殿前血流紫當時不合悔蒯通應悔何如從赤松嗚呼伍胥能為錢塘怒淮水為侯亦奔注謂侯

悵兮勿千古漢業亦是一坯土

泗州生祠祠直指蔣公也公驅二瀆順軌其有

功于 祖陵及民生甚鉅泗人所為祠也得

二首

天吳為災干二瀆泗州半是逃亡屋玉匣珠襦巨浸

間 君王素服三日哭直指使者天上来皇華駪駪

問蒿萊豸冠繡斧叱河伯千里歸墊如轟雷碣来玄

圭報 天子 寢園亡恙 龍顏喜五花恩誥進符

卿 九廟神靈得御史御史符卿畏簡書倪耄夾道

爭攀車不知俎豆竟何意徵爾萬戶其為魚新祠業
業傍泗水公歸　朝廷像留此還如狄相祠魏州不
數庚桑在畏壘我聞行臺栢滿枝土人剪伐還勿為
請看泗水湯湯去恰是思公無盡時

二

淄青使星福星至乘檋為治河與泗赤手能擎四極
鼇崑崙九折馴人意不獨居民盡安堵　山陵王氣
松杉古此日依然萬壽杯何人敢問一坯土公是王
皇香案吏偶然袵席　帝鄉地便戴神羊上九閽貌

公劒爲緣何事疇食汝食居汝居道是繡衣行部餘議存石室餘三策功在金隄有特書飲水思源樹思本留公不留意彌懇征南将軍空沉碑居東相公戀衣衮祠乎祠乎佇爾思帝命真宰代饗之他時便作峴山石開府羊公應自知

孚如即家改南部歌以唁之

有腰不用仍懸魚有手不草封禪書我家有畦只五畝春來種瓜還自鋤十年世事如蓬轉鄒郎歸田尚不免知君自是我輩人削盡微官眉始展楚人多怨

自天性靈均沅湘未知命既以獨醒天地間區區人醉何須病么麽雲夢大如斗君氣吞之常八九勸君且吟招隱詩勸君且醉高陽酒高陽豪飲捲白波食單更進鮮饆饠日云暮矣奈樂何君為楚舞仍楚歌君不見大兒孔文舉小兒楊德祖便合東南畫五湖眼中之人吾與汝

和州郭使君招飲城東樓放歌

坎其擊鼓城東隅君子有酒歌吳趨吳趨楚舞懽未畢欲醉不醉沉西日主人為誰郭細侯前驅五馬五

驊騮搯我層樓摘星斗一片江山落吾手為君吸取
長江杯底乾為君椎碎江南江北山巑岏歷陽小兒
拍手咲咲我狂客還脫冠乃知好我意莫逆太守賢
哉二千石下榻何人我自慚置盂此意君應繹置盂
下榻事悠悠栗里籃輿亦可留我醉門生便舁去何
須更別王江州

楊道行集卷之八

目録

五言律詩

登第　早入左掖

皇帝親率羣后耤于千畝之甸禮也臣于庭

作詩　大閲

鳳陽謁　皇陵　扈　駕天壽山祀諸陵

西署二首

送姜仲文之留都便道省覲

哭舉主健所先生三首

弔王尹　春興四首

入覲次河間二首　吳城驛即虜殘處

南昌九日二首　春日陪諸公遊杜園三首

同朱可大胡允壽中敬中遊張園得風字潭字千字章字清字

雨後無號山人六十三翁枉酌翁是日誕辰

早渡楊子江二首　金先生輓詩

殷無美調南比部四首

寄李和元學憲家居自奉寒上書不得其近

耗

閏中秋對月　秋五首

丁酉元日

得幼鍾書并寄魏二集傷懋權國徵早折泰

見其止作詩四首寄幼鍾時以都給事中

自免未為勸駕

春壐　初度

寺　如方山

雨中如方山眺望 [illegible]太山

香泉 送樊使君治河

汪二園賞牡丹有懷二首末追悼其大兄

贈王司訓

陳行父儒士善書工詩畫夏日飲小園投壺

偶賦 送魯甥國俊鄉試

輓王一鳴二首 天長道中

贈門人彭昌喁秀才二首末用来韻

懷崑山訓晉先生爲妹丈晉二交 [illegible]

官軍大破倭于瓮山志喜四首

楊道行集卷之八

全椒楊于庭著

五言律詩

登第

天樂 龍樓奏春雲 鳳詔開 君王榮賜第 社
稷喜掄材白玉初登陛黃金早築臺會須陪稷契不
擬得鄰枝

早入左掖

象魏開 天仗鈎陳儼 禁廬戴星三殿上捧日五

雲初曉箭催金鑰晨鐘候玉除　君王如止輦願進

治安書

皇帝親率群后耤于千畝之甸禮也臣于庭作

詩

翠幕圍青壤朱紘映綠川閭閻　天表見道路雨師

先百辟歌多黍三推耤大田不須潘岳賦盛典萬斯

年

大閱

玉燭今無戰　金輿早勒兵雲中瞻黼黻天上轉旌

旌旗鶩鸛千夫陣熊羆萬里城單于休近塞會見請長纓

鳳陽謁 皇陵

禹蹟塗山會周基豐水都 帝圖千祀遠王氣百靈扶俎豆瞻原廟衣冠泣鼎湖艱難湯沐邑鐵馬汗曾趨

扈 駕 天壽山祀諸陵

御道 金輿遠玄宮玉几尊百靈趨 法駕一氣享文孫鳳吹喧初下烏號儼若存五雲松栢路長此戴

乾坤

西署二首

詞賦陪時彥衣冠對省僚揮毫金虎署端笏紫宸朝

款段歸何晚沉吟思轉遥詞盟有兄弟休沐許同招

二

詔對公車後分曹得爽鳩大官供月米同舍與春芻

笥篋書頻把交游刺懶投白雲深處好不惜與淹留

送姜仲文之留都便道省覲

薊門春色好之子是離程問寢丹陽道催租白下城

柳條堪自把鶯語着為情粉署歸應早　君王憶長卿

公署水雲亭

雨淨花間磴泉飛樹底橋小僮穿水竹公署有漁樵

卧病慙官長躭吟託　聖朝春晴偶行郡兼得采民

謡

郡齋三首

偶然無吏事治郡已如家秫熟秋收税琴清午放衙

兒童嬉俎豆父老課桑麻卧閣從吾好清尊未許賒

濮州不百里亦是古諸侯列郡懸高第三年領上游
頗於鄉土習只為吏民留公暇闢門早攤書月蕭樓

三

幾時不出郭出郭麥如雲立馬逢田父從人問使君
凉飔落葉下朝旭遠山分十月新醅熟酣歌處處聞

陳臺

我聞曹子建會此鄄城侯八斗空雄藻千年只廢丘
巖花還遂自發山月為誰秋把袂陳臺下何人似應劉

汲長孺墓

九原何可作踏拜一沾襟不薄三千石其如狗馬心
斷碑苔蘚色荒塚薜蘿陰安得斯人在山蹲虎豹深

對月懷佘宗漢二首

愁結亂如絲思君對月時自知無住着不復怨睽離
魄落仍呼酒神來但賦詩八壺山色好頭白是歸期

二

雲歸巖際宿遊子獨何之可惜團圞夜翻爲飄泊時
生涯一劍在客思二毛知覓夢應迷路鴻飛却寄誰

齋居

齋居無一事，日日弄清徽。坐對寒雲起，行看夕鳥歸。香羹畦韭細，鮮膾沼鱗肥。莫道沙鷗妬，吾生已息機。

邀李符卿陳憲使夜酌

中嶽秉驄使，先朝尚璽郎。相攀明月夜，一醉菊花觴。送酒擬金樂，題詩嘯玉香。重來倘乘興，倒屣又何妨。

春日懷吳幼鐘鄒孚如二舍人

離情不可道，況復柳絲青。念爾雙龍劍，猶然一歲星。論交從結襪，作客任飄萍。燕市如沽酒，無為學獨醒。

二

尺素年年隔思君夜夜從夜前門雙玉樹濮水一塗鱗

系自延陵後談疑碣石人此生免相失握手敢辭頻

水雲亭即事

二月無端至花飛有底忙詩情吾自遣吏事爾何妨

龜伏窺苔礎鶯啼過草堂鳴琴渾是暇只此傲羲皇

走馬

騎馬出門去胄騰春事忙沙移鷀鷺白林轉失鶯黃

攬轡心徒壯垂鞭興自狂從來駒過隙對此惜年光

郡齋三首

輕雷過檻西郡閣挂晴霓捫腹青尊滿撚鬚白幘低

魚兒穿石竇麑子踏花蹊故舊無書問從教醉懶題

二

抱朴存吾道和光混此身且淹顓頊國為學漆園人

白日愁難假青雲懶是真習池山簡在猶自出風塵

三

吏牘差能了吾生此福縁胡床擊瑟坐竹簟撥書眠

僮僕收詩帙親知乞俸錢關門聊習静不問野狐禪

懷國徵

交遊誰不是，若個是知音。以我故人淚，寄君俠士吟。
眼穿江月迥，心折海雲深。何日一杯酒，陶然披兩襟。

懷宗漢

花事忙如此，離情黯黯分。誰憐禰處士，爾似鮑參軍。
對月饒春思，看雲破晚醺。空懷一匕首，何處贈夫君。

哭國徵二首

不見劉郎久，淒涼只夜臺。人猶憎薄命，天豈妬高才。
兒女生前恨，琴書死後哀。傷心[illegible]士淚，楚些為誰裁。

二

天地無情甚斯人已蓋棺祇餘真氣在猶作歲星看

世路黃泉隔交情白日寒平生山水調淒切向誰彈

寄孚如

懶吟從客歲力疾為春宵飛動神彌王況冥氣不驕

自憐茸澤芷相贈託山椒清燕饒佳句吾曹荷 聖

朝

行役

融雪經行滑浮烟入望濃萬家青靄合孤嶼白雲封

迢遞沙邊棹微茫野外鐘一官拋未得自笑抗塵容

哭皋主健所先生三首

逝水隨歸襯浮雲黯別旌百年拚一哭四海失平生
棱部叨深契當　朝仰大名無由對驄馬佇立不勝
情

二

死生寧獨免其奈失知音情極無雙淚誼深有寸心
神羊猶共識化鶴已難尋欲擬招魂些淒風起暮林

三

酹酒嗟何及呼天慟若何悲風橫大陸生氣儼黃河九列新恩重三巡抗疏多庭前森玉樹差慰淚滂沱

弔王尹有序

王尹余舊蜀吏以繁調余業以遠到望君矣會訃至余驚怛不能已因念君曩爲余言母年八十以不得沾一命爲恨今君母無恙而君亡矣悲夫

雨晝霏霏夫君旅櫬歸交情今日盡世路故人稀

葉縣鳧猶在，丁令鶴已飛。返鳧應及早，堂上淚沾衣。

春興四首

無端春欲破，把酒不勝憐。巢鵲初爭乳，篁蠶半怯眠。遠天浮積氣，長島帶輕烟。何物關飛動，塵襟倍爽然。

二

無那花爭劇，昏昏惱殺人。酒酣三婦艷，詩報萬家春。掬水閒穿屐，看雲晚岸巾。荊州醉山簡，吾亦嗜吾真。

三

春事經年換，鄉書鎮日稀。幾回青柳暗，何處白雲飛。

買箔防蠶浴封泥遲燕歸緋桃余手植料得已成團

四

青春無遠近望入畫圖多雲淨昆吾野天清豫子河
枯梨攢蟻穴荒榭倒蜂窠何似紅顏日佳人細馬馳

入覲次河間二首

微官鷄肋係長路馬蹄穿天闊幽燕外雲迷海岱邊
戍樓烏啄雪汀渚鴈浮烟瞑色投何處褰帷意惘然

二

道路誰能料風塵秪自憐已瞻瀛海月猶望薊門天

發篋抽詩帙探囊得酒錢更聞橫吹笛歸鴈白雲邊

吳城驛即虜殘處

故壘兵戈後遺氓喪亂中山河仍晉域闤闠已秦風羗女能彈瑟村兒學挽弓長安應尺只歸採達　重
瞳

南昌九月二首

九日章江客應憐未授衣黃花迎節綻白鴈背人飛
旅思書盈帙愁心帶減圍吾廬君箇畔猶想奉重幃

不飲江州酒其如九日何狂從烏帽落醉忘白衣過
野色千家小秋巖萬木多滕王高閣上回首一長歌

春日陪諸公遊杜園三首

春色濃于酒能無爛熳遊攀花聊復駐啼鳥若爲留
雲裡千行樹溪邊一葉舟醉餘飛動意白眼對吳鈎

二

鶯語出皇都招邀倒玉壺不知金谷勝得似此遊無

三

白鳥窺詩句青山傲酒徒微名何足道吾醉亦忘吾

休沐從同舍移樽傍小亭　主恩原浩蕩春色故嫣婷雲擁千家白山圍萬樹青醉醒都不記天外一鴻冥

同朱可大胡允番中敬中遊張園得風字　潭字　千字章字清字

野境喧囂隔滄洲咫尺通馬嘶深竹外人醉落花中捲幔斜梢月披襟晚趁風相看飛動意莫放酒杯空

二

夏木綠毿毿尋游此駐驂長川浮夕靄平野入晴嵐

自学兒能唱青山客任酬從来休沐地只在百花潭

三

為貰新豐酒何妨倒十千宦情渾欲澹俠骨若為憐
看竹偏宜客烹葵不用錢清曹饒樂事莫遣世人傳

四

鷄肋從吾拙鶯聲對爾忙祇因揮玉麈豈合綰金章
鱠得河魚美羹分野菜香醉眠君且去携酒莫相忘

五

葉底飛觴過花間把袂行聽詩泉石淨醒酒芰荷清

潑潑知魚樂嚶嚶見鳥情夜闌餘片月歸路馬蹄聲

雨後無號山人六十三翁枉酌翁是日誕辰

爲謝懸弧日翁今六十三貧無千樹橘與在百花潭葛幘風前倒荷筒雨後酬世交知不厭偏共阿戎斟

早渡楊子江二首

篙滑露泥泥舟人及曙鷄曉霞催日早秋水涓天低岸闊三山樹潮迷六代堞巖城猶未啟何處聽鳥啼

三

早起涉風波長江禁爾何鏡中孤艇入天上一帆過

月色侵晨小潮痕隔夜多壯夫無限意擊楫為狂歌

金先生輓詩

先生先大夫塾師也治詩先大夫從受詩

質行官仍冷明經數轉窮家人遵萬石弟子受毛公
舊物青氊在生涯素慢空門牆無限意寂寞九原中

殷無美調南北部四首

詞苑登壇久樞垣借箸材斯人終不免吾道竟何如
家近移栽橘官閒閒煑魚　主恩猶浩蕩未比放三
閭

二

世事了可見送君翻重嘆名猶聞塞上官已逐江干
白雲愁中得青山醉裏看吾謀應不用憂國淚曾乾

三

天府仍豐鎬秋官自羽儀祗緣休沐賜不為謗書移
月滿防閑日春深去國時功高君莫恨　明主故應
知

四

豈不虞羅網其如百鍊剛孤蹤翻逐客遺略已擒王

汝戇授閒易余疎代斲妨長江若箇畔未合老焉廬

時有西捷

周元孚謫海南尉三首 時哮賊作亂

十年三被謫此際更遐荒多難才飜棄工文宦合妨

島夷驚客喜山鳥噪行忙猶自通朝籍 君恩海似

長

二

鮫人海上泣此地幾經過試問南遷客君今淚更多

投荒應不恨憂國更如何落日啼鵑裡詩成弔汨羅

三

謀臣愚合謹逆鎮罪猶逋丞相初憂蔡君王已謝吳

凌風秋草勁向日晚雲孤莫訝遺三點鬚眉是故吾

鄧孚如謝病歸雲夢二首

知爾身將隱為除強著書名姓雖合避道在未應疎

秋月偏移棹春雲好荷鋤五湖如可乞吾亦愛吾廬

二

為厭承明署歸來水竹居幾人身[illegible]送圖畫復誰如

且叶閒關句休函咄咄書相思雲夢佇立渺茫予

初得告舟中雜詩五首

吾廬三徑菊別後竟何如白酒誰傳汝青山好送予
門無中散駕家有鄴侯書若問歸來事奇方得種魚

二

問我勞何事東歸正號眾人皆嘆茲衰吾豈厭爲郎
病馬誰相惜廻車自不妨隣夫如可乞尚食倘先嘗

三

不習羊腸路于今識畏途揮金吾不顧懷璧爾何辜
白日蛟龍蟄青天鵜鶚呼名山如可託萬一著潛夫

四

身將從此隱安用復文之雖作扁舟去能忘倚柱悲

地維何日定　天表幾人知西北重回首泫然賦五

噫

五

牢落應吾道纖趍豈丈夫生憎長孺戇不合賈生迂

憂國愁偏劇辭榮病欲蘇壯心猶未已擊楫爲吞胡

官軍收寧夏志喜三首

不謂幺麼賊遊魂只至今成功皆　帝力悔禍果天

心萬歲歡呼重三章喜氣添白頭諸父老嗚咽倍沾
襟
二
逐北摧胡壘征西剗賊壕埽氛邉月淨喋血隴雲高
元帥歸黃鉞將軍解白袍獻俘兼飲至萬一 聖躬
勞
三
自倚三苗險誰當六月師倒戈方命日釁鼓中興時
入落堪蚩泣平淮好系詩 至尊如罪己萬一起瘡

殘

邵伯湖

邵伯今何在經過只此湖雲光行水鏡月色坐冰壺村樹時踈窓漁燈乍有無存亡應滿眼肉食愧吾徒

哀朝鮮四首

冠帶千年國流離直至茲君臣盤樂日社稷覆亡時竟作包胥哭初聞下瀨師　天朝殷鑒在猶問夜何

其二

近日國存未捋然海上首背城應一戰善棋豈全況
多難翻思古論安遂至今旄丘君莫歎天使日相尋

三

播越祈求急哀喧禮數饒秦藩原内地異域自天
朝使者勑征粤將軍已度遼如聞猶一旅或可守宗
祧

四

八道皆淪沒群臣畧散亡王孫悲寶玦宮女泣紅粧
遼關諸侯貢應停萬歲觴從来存屏蔽不獨爲夷方

國王出奔宫人子孫多亡失

罷官後懷孚如

仕宦不得志秋風傷我心天涯有兄弟日暮空悲吟
重以才名誤兼之窮病侵何時一携手寫此瑤華音

遊斗山

茲山真斗絶今日始攀躋不到孤峯上何知萬木低
雲邊飛瀑布樹杪落虹霓攜醞情無極悠然聽鳥啼

斗山寺

已解黄金印皈依此化城長空揺草色清梵響松聲

香乞青菰飯鮮分綠芋羹自能忘世諦不必問浮齋

卧龍寺

何年龍卧此今日卧龍名不見潛鱗處空聞清磬聲
人疑天竺國山似梵王城自悟無生諦泠然世外情

龍會山絕頂空上人定處

絕巘捫蘿度飛泉傍嶺過人行紅樹杪僧定白雲阿
慧鴿參禪早清鐘入梵多巉巖巖下石無那點頭何

酹吳翁墓有序

吳翁與余善翁存日卜窆地南山之陽距余

浣花莊不數武時懇余曰棟死後公時時視棟墓令無牛羊斧斤足矣余愴其意爵而葬之

延陵吳季子贍對只孤墳宿草猶春雨歸鶯自暝雲水聲如咽客陰巔恍陪君欲問山陽笛寂寥總不聞

中秋遇月

無那中秋月浮雲妬我看清光知不沒應自滿長安兔窟何人到蟾宮與夜寒向隅如一照雙淚幾曾乾

寄李和兄彈亹寡居自奉塞上書不得其逆耗

遂有懸車日猶攜縮蓄初山中千里夢塞上十年書
宦態慵應拙交情賤合疎江流原尺咫能寄一雙魚

閏中秋對月

閏月更得月中秋仍此秋雲開翻海出天闊帶星流
今古懸孤照江湖迥獨愁何須學靈兎擣藥不曾休

秋五首

萬戶砧鳴日千林葉落初貧餘三逕菊愁對一床書
病肺朝慵起科頭午不梳偶然鴻鴈少莫怪故人疎

何物秋聲早能令逐客哀雨中黃葉下江上白雲來
畏事因多難全生賴不才家人釀新秫更泛菊花杯

三

放逐身猶在幽棲願豈違入秋饒強飯垂老恨初衣
倚檻看魚躍停杯數鴈飛自甘東郭履寧厭北山薇

四

臺敞延秋色窓虛逗日光人曾勾漏令地即浣花莊

五

小逕滋苔綠卑枝綴橘黃布衣歸亦好不羨會稽章

穡事秋仍歉朋簪老更疎翻愁終歲計敢擬絕交書
釀熟從隣叟租遭避里胥逃名吾豈敢惹貴狎江漁

丁酉元日

日月光華旦江湖放逐身洪鈞無棄物幽谷有陽春
謝客非關賤多書不當貧尋常對椒酒莫聞頌花人

得幼鍾書并寄魏二集傷樾權國徵早折未見
其止作詩四首寄幼鍾時以都給事中自免
末為勸駕

近得吳郎訊蕪傳魏仲詩高明人不及成就爾應知

並締金蘭契長埋玉樹姿巨源孤可託地下莫深悲

二

魏子沉冥思劉郎磊落身兩生如不死千古豈無人
宿草清漳暮寒花大伾春秖餘漁父在君倘念垂綸

三

生死飄萍日淒然憶盍簪人間書不見地下恨空深
以我憐才意知君全此心皖山閉門處惆悵白頭吟

四

季重吾良友于今契闊深停杯天柱夕伏枕海門陰

簪紱真何物江湖只此心 君王虛席待休戀白雲岑

春雪

春風一夜雪忽忽變庭柯着似交情薄雰如世態多及門無客屐泊岸有漁蓑遮莫梅花妬衝寒柰爾何

初度

嘆息吾初度徘徊此暮春都将愁伴日轉覺老隨人自技劬勞淚誰憐放逐身移尊狎漁父小酌為情真

去、

綆汲泉迴靜鐘鳴寺更幽山將春色至吾與野人遊遠岫孤雲在疎林片月留因之悟禪理不復縮窮愁

如方山

絕頂開蘭若籃輿磴道高野人蹲石竹山鳥啄櫻桃偪側驚心怯艱危着足牢微茫見江表百里一秋毫

雨中如方山眺望

嵐重偏多雨山高迴易風浮光天地外元氣古今中身世勞形役江湖病欸翁鯨鯢猶駭浪臨眺意忡忡

香泉

停車依鷲宇解帶浴蘭湯但使無留垢何知不是香氣疑蒸黍谷源或近扶桑安得為霖雨氤氳被八荒

送樊使君治河

遂有天涯别其如繾綣何黄河新保障襄水舊恩波相望空雲樹誰當對薜蘿　君王歌瓠子汝早策勳多

汪二園賞牡丹有妓二首末追悼其大凡

亭有沉香勝佳人世更稀不須相妬豔只合與忘機送酒留花塢徵歌敘竹扉夜闌猶片月遮莫醉言歸

二

此夕花前酌風流種種稀天香爭豔異國色共芳菲

初月低歌扇行雲濕舞衣鴒原情自苦樂極淚還揮

贈王司訓

浙左多名彥儒林汝更賢講堂魚貫至書帶草應偏

小架題詩帙諸生乞俸錢君家饒舊物不必嘆無氊

陳行父儒士善書工詩畫夏日飲小園投壺

縮帶交何晚開尊醉莫辭右軍書後扇摩詰畫中詩

竹色投壺夕松陰啜茗時興來頻駐馬憖說子雲奇

偶賦

震撼風波後淒涼世事中多談仍築舍勝算只和戎江海餘吟父乾坤一寓公羞將顏遠句泣下更書空

送曾甥國俊鄉試

後進成吾老多才見汝憐珠應胎夜月鶚欲上秋天得意書頻寄相思夢每牽無言只似舅須及秉繻年

輓王一鳴二首

余不識一鳴及瞿甲而知其皆楚之良云甲父允思與余善余讀一鳴所爲哭甲詩而悲

之方因九思以介于一鳴而一鳴已作古人矣詩以輓之不必其夙交也

不識荆州面猶傳賈傅才佳人難再得異代有餘哀白骨埋秋草黄泉問刼灰隴頭華表在空想鶴歸來

二

爾昔悲嵇阮傷心問酒壚故人重不起死友更誰須白雪篇篇在青山事事孤無言非縮帶肝膽自吾徒

天長道中

杪秋尚行役萬木寒蒼蒼白水含雲影青天點鴈行

壯心看劍短旅況引盃長明日揚州道吹簫意渺茫

贈門人彭昌時秀才二首末用來韻

汝雋吾真畏吾衰汝自知喜存中散後慚是鄭玄師
磊落乾坤大栖遲日月私無令千載下猶恨不同時

二

涉世心彌澹哦詩趣更幽汝游能五岳吾志在千秋
此物堪相託何官不可休東陵瓜自好莫鬭大刀頭

懷崑山訓晉先生為妹夫晉二父

同門年來況何如別袂初摳衣無吏事強飯有家書

苜蓿心彌泊葭莩誼不踈講堂多喜氣弟子頌唽魚

官軍大破倭于釜山志喜四首

盡銳攻堅辟長驅入不毛洗兵山雨淨結陣海雲高将校馳飛檄　君王解御袍便拋書萬卷只擬貫香醪

二

不謂倭真破分明　帝力饒　至尊猶外懼諸将莫功驕只合驅封豕何須戀珥貂越裳應貢蚤誅叛自
天朝

三

露布摧枯易游魂定有無分憂真閫帥送喜到田夫
截海為京觀彌天賜大酺如聞草封禪亦解學嵩呼

四

荐食真何事天誅豈竟留　君王原止殺禽獸合窮
蒐獲已齊熊耳功應屬虎頭盈盈江鴨綠歸及釀春
篘

楊道行集卷之九

目錄

五言律詩

吉祥寺　汉澗過陳志玄張以誠

飲志玄成趣園猶憶廿年前飲此二首

大覺寺　京口贈王仁卿太守

舟中偶述

毘陵劉靜岩招飲劉為門人元之父

張巡廟　贈申敬中

甲午初度寓杭州

贈愜上人　遊南屏山

京師有傳余瘋疾者作詩自賡

門人李来命削籍答欽之侍御見懷

贈欽之　福山寺

重遊卧龍寺　霽三首六月七日

中秋前一日携尊訪瞿曇夫寺中連旬陰雨

是夕霽

中秋對月二首　遣興四首

過滁州悼亡友賈戶部王御史二首

再悼賈子　春興四首

新興寺　三聖寺遇雨

酬陳文學送余至褒山寺飲陳與其主僧[illegible]

楊道行集卷之九

全椒楊于庭著

五言律詩

秋興十首

野壑消消淨山城莽莽陰急湍歸棹晚落葉閉門深
澤畔騷人淚周南太史心不堪凭檻處淒切暮聞砧

二

秋色驚霜葉愁顏對晚花幾人看拭淚何處聽吹笳
實欲投嚴瀨虛疑泛漢槎一聲天畔雁若箇自京華

三

細雨晨猶濕孤雲寒自飛狂同僕被出咲作挂冠歸

花下烏皮几山中白板扉海鷗閑不去與爾共忘機

四

近得滄洲趣投簪已恨遲幽棲黄菊處野眺白雲時

名姓嫌人識悲歌秖自知便携妻子去長與鹿門期

五

嘆息馮唐老曾隨供奉班幾從賡玉几誰為問刀鐶

秋水無天浄寒花帶雨斑全生飄自哂材與不材間

六

憶昔塵棲莞干戈苦不休人猶爭借箸吾豈爲封侯

歲月雙蓬鬢江湖一釣舟寄言矰繳者鴻鵠渺難求

七

陶令歸来日蕭然漉酒巾羊腸渾世態麟閣豈吾身

且插田夫飲何妨醉尉嗔漢儲猶未定羽翼更誰人

八

客思逢搖落秋天正欲凄霜清吳嶠月雪噴浙江潮

浪跡隨漁父爲娛託　聖朝寬優終嗜酒誰與換金

九

白水净如拭毋楓濃欲重高秋一以眺平野若爲容
自咤維摩病誰憐叔夜慵有田差負郭端擬學明農

十

不分秋無賴荒荒落遠空亂雲孤嶼外小艇夕陽中
葛幘驚山鳥荷衣狎野翁草玄心獨苦遮莫咲楊雄

汪四留飲仝其兄彈棊并談余詩子應曰余脩
侍

[illegible]竹林入高齋倒屣迎羲之晉得堦陳氏[illegible]
[illegible]泰何何心勝詩名亦偶成會須巾漉酒今夕醉狂生

寂寞

得罪緣多口全生荷　至尊已無千里念猶戀敞帷恩書上悲梁獄羅張咲翟門敢云玄尚自寂寞任乾坤

為吳大學壽其伯父隱君六十

為問延陵子春秋六十過鴻冥人不識龜息法如何白日扶筇醉青山扣角歌竹林從小阮應得咲顏多

吳行人巨之冊封晉藩歸吳中過訪

桐葉遙封晉鱸魚更入吳問程尋野逕訪舊及田夫使節鄉人羡交情我輩孤星軺知不遠早巳傍江湖

移汪三石山

君家醒酒石曾隕自何星余亦移山者非關為獨醒對來虛室白乞得野峯青二華如堪擘吾將倩五丁

汪吳二文學枉顧

賔客今皆去頻驚二妙來貧交知不厭愁抱喜為開涼月窺詩帙寒雲落酒杯野蔬如可摘重肯叩莓苔

晚過汪二番菊席間有妓并歌兒二首

晚過東籬菊何知紅粉迎花如先有約月亦太多情翠黛凝山遠新歌入幔輕風流今夕酒應爲莫愁傾

二

秋月涼于水今宵奈樂何狂驚神女夢醉擁少兒歌插菊朱顏並拈杯玉指多佳人難再得吾意欲婆娑

癸巳九日

九日山中好潛夫也自潛不須風落帽直爲酒撚髯短菊低低嗅深杯細細添醉來無一事趺坐讀楞嚴

奉太宜人小庄觀穫

觀穫來西墅明農奉北堂野蔬堪入饌村釀可稱觴
萊綵秋畦外潘輿晚稻旁不須誇禄養只此意何長

九日後一日二首

昨游懽未愜今日興偏豪吾意欲遠眺不知何處高
看花重款款酹月太切切恍記東籬句前身姓是陶

二

登高吾漫興不必問重陽已認鄉為醉何妨客是狂
野秔新得雨山柿蚤經霜擔得銀絲鱠鮮羨也自香

偶成

萬壽不自料一生空逝波懶從書札少病認藥方多
鼓瑟魚爭沫枯杯鳥鮮歌案頭時拂拭無那白雲何

始霜

重陽初對菊明日已驚霜殺菽荒荒白枯桑淰淰黃
老逢人轉畏愁與醉猶妨無那蒹葭夕相思水一方

朝霜

青女何方至能令太葉稀雖因寒夜隕終爲曉暘晞
凝露稜稜重侵星靄靄暉孤臣幾獄淚五月爲誰飛

哭先人墓三首

展拜荒墳下難禁淚雨垂酒漿無復御言咲竟何之

埋骨悲今日承顏恨往時哀哀天罔極長廢蓼莪詩

二

無復趨庭日空來灑墓時相從唯毋氏不瞑爲孫枝

陰籟如聽對秋風若嘯悲兒官今已罷莫遣九原知

先人以未得抱孫爲恨

三

慟欲捐糜久生存爲一盂衰門諸弟少凶問二親俱

忍對栝樓飲悲從宰木呼夢寃還聚首驚喜只須臾

金七惠檜

爲愛君家檜亭亭一院陰偶分秋色至得共歲寒深
對此哦佳句因之清俗心有時風瑟瑟知爾作龍吟

聞笛二首

今夕誰家笛高樓正倚欄斷腸寧忍聽對月不能看
爲鵲猶三匝鷦鷯敢自安清虛天上闕無那夜深寒

二

桓伊一曲笛坐客盡歔欷若道逐臣淚今宵更濕衣

梅花吹欲落楊柳折應稀不是南樓與開心破鏡飛

冬至二首

水泉初脉脉刻漏尚沉沉不悟盈虛理何知天地心

浮雲高挑過白日閉關深猶喜回陽氣從教戲五禽

二

至日初扶病經旬未放杯愁添宮線纓心死管葭灰

生事青山在年華白髮催著書無一字虛說子雲才

閏十一月

歲閏寒仍急陽回晷漸長檢書開草閣聽笛倚胡床

門有陶潛逕囊無陸賈裝不才吾合厄未必似黃楊

王尹歸田

道拙余甘黜時艱汝亦歸不緣經畏路何得遂初衣

只說 君恩重休云世事非古来豪傑士多少在漁

磯

外八入吳翁謂社友九老已亡其八盖愀然悲焉

余詩廣之得歸字

九老餘黃髮三朝一布衣江湖吾道在几杖故人稀

雪裏先生履山中處士扉非熊如入夢倘載後車歸

哭張汝誠御史三首時按貴州

憶對公車日情親獨見君豸方初按節地下已修文化鶴悲何及鳴驄邈不聞空餘挂劍意着箇是孤墳

二

死事羅施國封章柱史名箐雲歸旐色黔月輓歌聲不復驚人跡空餘戀主情張良曾辟穀猶自咤長生

三

百年簪盍友萬里櫬歸身握手如昨日知心無此人氣應衝瘴癘精已化星辰只有生前恨澄清志未伸

寄史際明都諫

諫議當朝儁翩然已倦游世方嚴黨禁君豈爲官留封事無餘藁歸人有汎舟　主恩原不薄旦夕起滄洲

寄門人宜興李尹

茂宰門墻彥名區擁傳過羨才吾不及初政爾如何民力催科急官常撫字多荆溪溪下水清爲使君歌

寄武進桑尹

民力東南竭毗陵近若何也知循吏少應藉故人多

卧閣刑常措鳴琴政已和公餘無一事尚肯念漁蓑

贈門人太和孫尹

汝宰長淮北瘡痍近更多苦心循吏見賢績古人過白首寬相憶蒼生想太和吾將從洗耳為問潁川波太和潁川屬邑

癸巳除夕二首

促膝餘殘夜驚心又一年貧嗔春事至老畏歲華遷有志空寥廓無才合棄捐祭詩憐賈島吾意亦茫然

二

已大逢除夕嗟跎感歲華祇拚酣栢酒不擬頌椒花
往事將軍樹卑棲處士家明朝瞻北極迢遞五雲賒

甲午元日與外父吳翁及汪壻飲

屠蘇今日酒骨肉此同斟老少年俱進悲懽感並深
展筵甥舅禮問寢歲時心今節吾拚醉何妨夕漏沉

穀日

八葉蓂初擬千條柳欲蘇生涯逢穀日春事問農夫
散帙慵還展香醪醉更沽家人三十口能得有年無

春日雪過田五舅烏衣

不識烏衣巷今過舅氏家野蔬消雪夜春墅問梅花
相宅慚何有饋尊與未賒渭陽岐路意惆悵客天涯

吉祥寺

駐馬雙林入蕭然一院陰慧雲金刹曉花雨石床深
問樹知僧臘然燈見佛心五陰空未得白社漫招尋

汶淵過陳志玄張以誠

作賦憐平子論交得孟公雪舟今夕至春酒故人同
衰徤形容槀悲懽涕泗中夜闌猶握手闊緒只匆匆

飲志玄成趣園猶憶廿年前飲此二首

園憶重遊處人憐再晤時飛花春送酒燒燭夜催時
竹月留深塢山雲印小池移家許相就只此鹿門期

二

自是求羊仲清尊始一開山疑鞭石至水似汎槎來
禮法容吾放韶光爲客催多情鶯睍睆不及故人杯

大覺寺

大覺誰能覺迷津祗自哀人因問偈至堂爲說經開
醉許攀雙樹空聞渡一杯年尼如可借長照不然灰

京口贈王仁卿太守

列郡稱高第明公似古人謳歌常道路鞭朴總陽春
達宦心猶抑貧交誼轉親天涯喜披豁把酒莫辭頻

舟中偶述

不作鴟夷去何人長五湖狂呼吳市卒醉踏酒家胡
雙劍供行李片帆入畫圖風波君莫問舟楫任長途

毘陵劉靜巖招飲劉為門人元之父

維舟聊此駐投轄竟何如我已慙師席兒應讀父書
一尊饒野蔌兼味得河魚莫訝高門意知君為駟車

張巡廟

封疆捐一死千載憾斯人只為君恩重寧知廟貌新

孫枝無展雀過客有[illegible]

贈申敬中

籍甚佳公子貧交重友生[illegible]許詩法爾長城

花情開[illegible]印何日付玄成

甲午初度寓杭州

髩感歎初度而今已[illegible]老大同[illegible]生成

[illegible]何年[illegible]

贈[illegible]上人

偶来雙樹駐閒侶白雲深不共三生[illegible]心
清吟花半落跌坐月初[illegible]

遊南屏山

自識南屏勝何妨冒雨凭湖送三竺寺山住六朝僧
特合開新[illegible]懸崖積古藤[illegible]如可學長憩白雲層

京師有傳余瘋疾者作詩自廣

已側當時目　君恩乞此身偷生吾亦足不死爾何
嗔戇直知今日艱難憶古人衡門棲息處長對[illegible]

新

答孚如二首

一官寧待免蚤已合迯遭拙豈爲名誤狂應與醉緣
行藏都莞爾恩怨亦茫然獨酌新篁下清風若箇邊

二

近得鄖中信遥憐出處同甄材君不免定難我何功
末路甘彈鋏雄心失挂弓江湖吾道在天際一冥鴻

晨眺

小閣延晨眺山山檻外迷嵐重崖欲斷露寄葉猶低
高郲清陰匝竦笛秀色齊草堂書一束支枕即瀼西

長夏暑日飲之拜顧二首

長夏交游絶逢君數舉杯偶脩避暑會已似御風来
湖海誰同病乾坤爾愛才披襟對知己寧問夕陽催

其五

自下高人榻清尊始一開雲從林杪出月向沼邊来
爽氣陰叢木玄言浄溘埃平生傾倒意遮莫夜深廻

偶感

世路吾真畏風波日又多花開初並蔕葉落已連柯
何限湘潭泣餘無漆室歌 君恩深養士忍令逐漁

蓑

懷顧叔時

復作名高去其如世事何芬菲寧可數搖落不堪多
道在應三黜憂来但九歌惠山山下屋頭白好蹉跎

寂寂

寂寂饒相咲悠悠思若何家人糊口在國事拊膺多
婁敬謀翻拙街亭誤更過洗兵空此念無力挽天河

負郭

負郭開三逕臨溪具一樽雨来朝氣爽月落晚烟昏

梅尉歸吴市麗公隱鹿門高蹤如可託只此避塵喧

長日

長日真無事幽人水竹居呼僮刈畦黍留客剪園蔬
禮法慵應廢詩情老不如偶然觀物化敢擬絶交書

天籟

萬形俱有適吾亦率吾真寂寂聞天籟惺惺養谷神
禪心了無住龍性獨難馴欲問維摩偈何當淨六塵

外父吴翁六十有七初度二首

六十又踰七頽然避世翁邦人初几杖父執自兒童

經授諸儒業詩觀列國風相看懸玉潤把酒意無窮

二

歲歲稱觴日翁今此日過問年同華盡記事累朝多
世上羲皇卧山中綺皓歌丈人峯好在長此對婆娑

送方秀才應試

自許連城價人稱大國香掄才誰入彀作賦爾登堂
九萬還鵬擊三千敢鴈行會須為世用莫作禰生狂

如方山

聞說方山勝茲山恐不如江分吳楚外刹自宋梁餘

淨業身何有浮生計已踈東南民力竭登眺一躊躇

寶林寺

憶昔招提境童年此數過今來香積飯且春欲如何
佛力三車在禪心雙樹多自知無住着不擬問維摩

香泉

香泉吾不到駐馬欲如何只此薰然浴誰云五蘊多
水疑神女至山似燭龍過寒士應無數安能普太和

懐閒俊夫比部時謫居

似汝猶然謫何官不可休厚誣公論在薄譴 主恩

優書帙兒能檢琹草客漫留逢萬吾分老倘肯問扁
舟

門人李来命削籍

汝麤如吾麤吾歸咤汝歸　主恩原不淺臣罪敢云
非汴水魚應美滁山蕨漸肥閉門還靜養萬一舞

天威

荅欽之侍御見懷

罕棲聊此足敢謂碩人邁世已輕吟快吾甘養蓑
彈冠青驄在按劒白頭多莊惠濠梁意悠悠禁爾何

贈欽之

午衙無吏事步屧訪衡茅吾道猶同病斯人已老交狂從千日飲貧有一枝巢世態渾如水何心賦解嘲

福山寺

駐馬尋蘭若鳴鐘出上方禪房雙樹逈佛界一溪香白社招何晚青山卧不忘迷津如可渡吾欲借慈航

重遊卧龍寺

雙林曾一至隔歲始重過寺古傳龍卧經殘剩馬馱山門塵跡少堦樹梵音多香積悠然罷歸途滿薜蘿

霽三首六月七日

澍畦流駛晴霓野望濃日昏猶帶雨雲亂不成峯
晒濕移衣桁乘涼倚杖筇漁舠趁陂水長洸月溶溶

二

驟雨河魚落新晴幕燕飛天空將日至風急送雲歸
展笥書初曝開窗塵乍揮林間驚閃閃知是晒毛衣

三

新漲看鳧浴初晴喜鸛鳴山從膏沐縣日抱錦紋生
果熟梢枝重帆乾帶舫輕還持烏皮几爲閒耦而耕

中秋前一日攜尊訪瞿曇寺中連句陰雨是

夕霽

不謂姮娥約居然掃暮雲金餅萬里在氷鏡一秋分

淨土非人境玄言迥世氛論交儒與扎脉脉對夫君

中秋對月二首

今夜江湖月分明與布衣雲空心不翳天濶興全飛

絶似觀濤至還疑洗渚歸胡床仍徙倚遲莫逗清暉

二

兎搗幾時歇蛾奔何處来昔人曾問月吾意亦悠哉

雲漢光孤照山河影倒開忍戲明日夜刻漏莫敎催

遣興四首

出世却避世逃名翻近名古今懸大業天地逗浮生
尉自呵飛將廚曾乞步兵千秋豪宕意莫遣野鷗驚

二

神物居然在人情了不驚漢濱今老父天竺古先生
世已憎多取吾尤畏得名南山讀書處斜日掩柴荊

三

罄折非吾事昂藏豈世情自知寬覆載誰復礙生成

草色增詩麗山光逼酒清未填溝壑日衣褐也身輕

四

自悟名皆幻支離哭此生浮雲如有意流水不關情

天地身猶在江湖夢亦驚故園多勝槩日日聽啼鶯

過滁州悼亡友賈戶部王御史二首

已惜王褒雋尤憐賈誼才山川應短氣天地不勝哀

公論猶鄉土相逢已夜臺西州那忍過抆淚獨徘徊

二

[illegible]是滁中秀何期地下郎人猶疑早達吾欲問高蒼

鳳翥尚書署聽鳴御史章平生聽笛恨不[illegible][illegible]山陽

再悼賈子

里井依然在伊人不可追季方差有弟伯道已無兒

若箇藏舟壑誰為掛劍枝傷心孝標論地下是交期

春興四首

日月頻如夢江湖蚤欲翁低垂無事業遘會即英雄

暘谷應偏燠春風也自公遂蒿吾斥鷃避世合墻東

二

耐可春將劇因之興亦濃稻粱裁取足筆札雅能供

有道拋朱紱無營埒素封相如能作賦何用藉臨邛

三

自識巖居趣何妨倒接䍦洪鈞皆物與法象亦吾私
世外餘三逕山中有四時頽然別隣叟明月滿前陂

四

未必真今是何須悔昨非狂寧將世忤賞莫與心違
水到瀦成沼枝卑偃作扉晴軒放馴鶴日夕亦知歸

新興寺

牢落何年寺猶餘梵唄聲碑從青蘚沒塔與白雲平

野蔌呼僧具村醪對客傾本來空四大何用逐浮名

三聖寺遇雨

偶來三聖寺得近四禪床法雨沾深樹慈雲覆短墻
藏標天地大劫閲古今忙只有年尼在皈依意不忘

兩陳文學送余至褒山寺飲陳與其主僧善

褒山山下寺宛似剡溪陰偶以求羊侶蕪之支許心
四隣青嶂合雙樹白雲深日午聞清梵迦陵若个音